Year	T.F.S. Mildenhall Name	Grade
97/98	Florence	3B

A mots contés...

Lecture et expression

CE2

Sous la direction de Marie-Claire Courtois

Nicolle Chauveau
Marie-Claire Courtois
Hélène Guedj

Illustrateurs

Yves Besnier
Serge Bloch
Roser Capdevila
Marie-Hélène Carlier
Annie-Claude Martin
Jean-Noël Rochut
François Ruyer

BELIN

Préface

Les dernières Instructions officielles rappellent qu'au cycle des approfondissements, **la lecture demeure une activité à privilégier sous toutes ses formes, en n'oubliant jamais qu'elle est à la fois une nécessité, un instrument de travail et une source de plaisir... L'interaction entre la lecture et l'écriture reste essentielle.**

La collection **A mots contés** a l'ambition de répondre aux exigences actuelles. Par ses textes variés et attrayants, ses illustrations, elle s'adresse en tout premier aux enfants mais espère aussi susciter l'intérêt des parents et simplifier la tâche des enseignants en leur offrant des exploitations diverses et précises.

Nous souhaitons faire de la séance quotidienne de lecture un moment privilégié qui réunit toute la classe autour d'un même texte apprécié et exploité ensemble. Le rôle de l'enseignant y est primordial : il crée un climat favorable, aide à comprendre pour mieux lire et valorise chacun selon son niveau.

Un atelier de vocabulaire et d'expression permet de fixer les notions rencontrées dans les textes et donne la possibilité et le goût d'écrire à son tour.

Enfin, la lecture collective débouche sur une invitation à la lecture individuelle d'ouvrages de la littérature enfantine contemporaine. Les parents trouveront dans **La petite librairie** des idées de livres à offrir à leurs enfants, ce qui répond à une demande constante.

A mots contés CE2 comprend :
- un manuel avec de nombreuses illustrations
- un jeu de fiches photocopiables pour la classe
- un fichier pédagogique

Le manuel
Il comporte des textes groupés en huit thèmes et, pour finir l'année en fête, un choix de saynètes dans **Les trois coups**.

Les fiches photocopiables
Véritable outil adapté aux besoins des maîtres, elles sont présentées dans un cahier à spirales et peuvent être photocopiées sans être détachées. Leur format est tel, qu'il ne sera pas nécessaire de recourir au pliage pour les coller ou les ranger dans les cahiers.
Elles proposent des exercices qui complètent ceux du manuel et permettent de s'adapter aux différents niveaux de la classe ou de varier les exploitations d'une année à l'autre.

Le livre du maître
Il propose quelques pistes pédagogiques et fournit un corrigé de tous les exercices (manuel et fiches photocopiables).
L'expression écrite, souvent redoutée des élèves, a fait l'objet d'une attention particulière : déroulement détaillé des séquences, conseils d'exploitation et sujets variés y sont proposés.

Le code de la propriété intellectuelle autorise «les copies ou reproductions strictement réservées à l'usage privé du copiste et non destinées à une utilisation collective» (article L. 122-5) ; il autorise également les courtes citations effectuées dans un but d'exemple et d'illustration. En revanche, «toute représentation ou reproduction intégrale ou partielle, sans le consentement de l'auteur ou de ses ayants droit ou ayants cause, est illicite» (article L. 122-4). Cette représentation ou reproduction, par quelque procédé que ce soit, sans autorisation de l'éditeur ou du Centre français de l'exploitation du droit de copie (3, rue Hautefeuille, 75006 Paris), constituerait donc une contrefaçon sanctionnée par les articles 425 et suivants du Code pénal.

© Éditions Belin, 1996

ISBN 2-7011-1620-1

Présentation du manuel

Chaque chapitre comprend :

- **deux pages de poésie,**

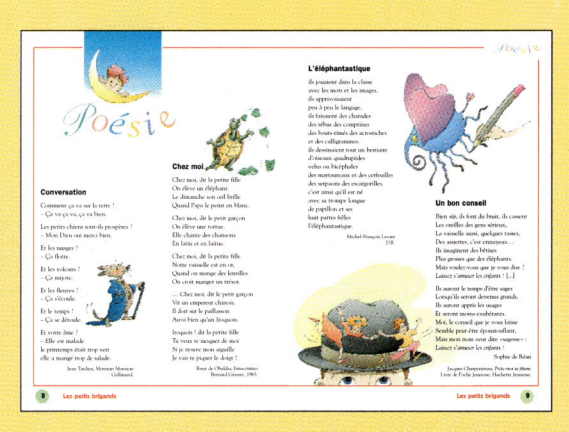

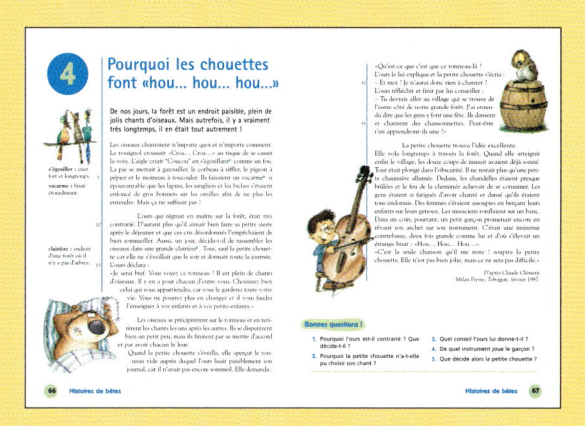

- **un choix de textes**
suivis de questions de compréhension.
En aide, les mots difficiles
sont expliqués dans la marge.
Chaque thème est illustré
par un dessinateur différent.

- **« Lire pour en savoir plus »,**
page documentaire
où l'on approfondit
un aspect du thème abordé
dans le chapitre ;
le ton et la typographie
y sont différents
afin de familiariser
les élèves à d'autres
types de textes.

- **« La petite librairie »**
où l'on trouve
une sélection
de livres.
Les étoiles ★ placées
à-côté des titres
indiquent le niveau
de lecture.

- **« L'atelier »,**
comprenant systématiquement
une leçon de vocabulaire,
un entraînement à l'utilisation du dictionnaire
et des exercices d'expression orale et écrite.

Table des matières

1 Les petits brigands

Poésie 8

Récits :
1. *Une drôle d'écolière*, A. Lindgren — 10
2. *La moquette*, J. Charpentreau — 13
3. *César en pension* [1], A. Buckeridge — 16
4. *César s'évade* [2], A. Buckeridge — 18
5. *Les petits poissons*, la comtesse de Ségur — 21
- **Lire pour en savoir plus :** la comtesse de Ségur — 23
6. *Un gentil petit frère*, M. Pagnol — 24

La petite librairie 27

Atelier : 28
- VOCABULAIRE : le préfixe «télé»
- LE DICTIONNAIRE : l'alphabet
- EXPRESSION ÉCRITE : la chronologie

2 Le chemin des écoliers

Poésie 32

Récits :
1. *Timothée à l'école*, P. Fournel — 34
- **Lire pour en savoir plus :** rencontre avec Paul Fournel — 37
2. *Une rentrée ratée*, C. Missonnier — 38
3. *La ponctuation*, C. Capiaux — 41
4. *Un maître pas comme les autres* [1], Ph. Barbeau — 44
5. *Un maître pas comme les autres* [2], Ph. Barbeau — 46
6. *Classe de lune*, F. Sautereau — 49

La petite librairie 51

Atelier : 52
- VOCABULAIRE : sens propre et sens figuré
- LE DICTIONNAIRE : l'alphabet
- EXPRESSION ÉCRITE : la ponctuation

3 Histoires de bêtes

Poésie 56

Récits :
1. *Une bonne nouvelle* [1], R. Lawson — 58
2. *Une bonne nouvelle* [2], R. Lawson — 61
3. *Bonjour Madame Coccinelle*, Images Doc — 64
4. *Pourquoi les chouettes font «Hou… Hou… Hou…»*, C. Clément
- **Lire pour en savoir plus :** galerie de portraits des «mal-aimés» — 68
5. *Un vilain petit loup* [1], N. Vidal — 70
6. *Un vilain petit loup* [2], N. Vidal — 72

La petite librairie 75

Atelier : 76
- VOCABULAIRE : autour du mot «sommeil»
- LE DICTIONNAIRE : l'alphabet
- EXPRESSION ÉCRITE : la forme interrogative

4 Il était une fois

Poésie 80

Contes :
1. *Le royaume des devinettes* [1], E. Reberg — 82
2. *Le royaume des devinettes* [2], E. Reberg — 86
3. *Dodoche la limace*, Y. Mauffret — 88
- **Lire pour en savoir plus :** il était une fois… les contes — 91
4. *Les perles de la pluie* [1], J. Aiken — 92
5. *Les perles de la pluie* [2], J. Aiken — 94
6. *Macha et l'ours* [1], conte russe — 97
7. *Macha et l'ours* [2], conte russe — 99

La petite librairie 101

Atelier : 102
- VOCABULAIRE : les contraires
- LE DICTIONNAIRE : le genre des noms
- EXPRESSION ÉCRITE : la forme négative

5 Sous le chapiteau

Poésie 106

Récits :
1. *Le cirque Piccolo* [1], M. de Genestoux — 108
2. *Le cirque Piccolo* [2], M. de Genestoux — 111
3. *Pipo* [1], A. Surget — 114
4. *Pipo* [2], A. Surget — 116
- **Lire pour en savoir plus :** les clowns — 119
5. *La lune sous le chapiteau du cirque*, H. Hannover — 120
6. *Vif-Argent*, J. Vallverdu — 123
7. *Nous ne suivrons pas le cirque*, B. Solet — 125

La petite librairie 127

Atelier : 128
- Vocabulaire : les adjectifs en «-eux»
- Le dictionnaire : chercher des mots de la famille de «lune»
- Expression écrite : reconstitution de texte

6 A l'abri des remparts

Poésie 132

Récits historiques :
1. *L'arrivée de Jehan le trouvère* [1], B. Solet — 134
2. *Jehan de Loin au château* [2], B. Solet — 137
3. *Jehan au festin du comte Louis* [3], B. Solet — 140
- **Lire pour en savoir plus :** de la table seigneuriale au festin d'aujourd'hui — 143
4. *A l'abri des remparts* [1], J.-C. Noguès — 144
5. *A l'abri des remparts* [2], J.-C. Noguès — 146
6. *Des jeux de guerre*, Ph. Brochard et E. Krähenbühl — 149

La petite librairie 153

Atelier : 154
- Vocabulaire : le château fort
- Le dictionnaire
- Expression écrite : une histoire en images

7 Chiens et chats

Poésie 158

Récits :
1. *Le chat et les lapins*, R. Adams — 160
2. *Le chat Filou*, J. Cassabois — 162
3. *Le chat du chien*, F. Cavanna — 164
4. *Un drôle de caillou*, Colette — 167
5. *Un rescapé*, R. Forlani — 170
- **Lire pour en savoir plus :** des métiers de chiens — 173
6. *La troupe du Signor Vitalis*, H. Malot — 174

La petite librairie 177

Atelier : 178
- Vocabulaire : autour du mot «pas»
- Le dictionnaire : l'orthographe
- Expression écrite : décrire brièvement un animal familier

8 Enfants d'ici et d'ailleurs

Poésie 182

Récits :
1. *Le kimono rouge* [1], K. Haugaard — 184
2. *Halloween* [2], K. Haugaard — 187
3. *Le petit cireur de Bogota*, D. Galin — 190
- **Lire pour en savoir plus :** la farandole des enfants d'ailleurs — 193
4. *Sous le soleil exactement*, A. Fuchs — 194
5. *Marika, la petite fille d'ailleurs*, A. Pierjean — 197

La petite librairie 199

Atelier : 200
- Vocabulaire : autour du mot «soleil»
- Le dictionnaire : les noms propres
- Expression écrite : reconstitution de texte

Théâtre : Les trois coups

Le loup et la cigogne, J. de La Fontaine — 202
Le loup et l'agneau, J. de La Fontaine — 203
Le renard et la mésange, le Roman de Renart — 204
On a tiré sur le lapin, F. Fontaine — 206

Dans ce chapitre, tu liras les histoires suivantes…

1 Une drôle d'écolière

Astrid Lindgren.................page 10

2 La moquette

Jacques Charpentreau.................page 13

3 César en pension [1]

Anthony Buckeridge.................page 16

4 César s'évade [2]

Anthony Buckeridge.................page 18

Les petits brigands

5 *Les petits poissons*

la contesse de Ségur.................page 21

Poésie	 8
Lectures	.... 10 à 26
Lire pour en savoir plus :	
La comtesse de Ségur	 23
La petite librairie	 27
Atelier	 28

- Vocabulaire : le préfixe «télé»
- Le dictionnaire
- Expression orale et expression écrite : la chronologie

6 *Un gentil petit frère*

Marcel Pagnol.................page 24

Poésie

Conversation

Comment ça va sur la terre ?
– Ça va ça va, ça va bien.

Les petits chiens sont-ils prospères ?
– Mon Dieu oui merci bien.

Et les nuages ?
– Ça flotte.

Et les volcans ?
– Ça mijote.

Et les fleuves ?
– Ça s'écoule.

Et le temps ?
– Ça se déroule.

Et votre âme ?
– Elle est malade
le printemps était trop vert
elle a mangé trop de salade.

Jean Tardieu, *Monsieur Monsieur*
Gallimard.

Chez moi

Chez moi, dit la petite fille
On élève un éléphant.
Le dimanche son œil brille
Quand Papa le peint en blanc.

Chez moi, dit le petit garçon
On élève une tortue.
Elle chante des chansons
En latin et en laitue.

Chez moi, dit la petite fille
Notre vaisselle est en or,
Quand on mange des lentilles
On croit manger un trésor.

… Chez moi, dit le petit garçon
Vit un empereur chinois.
Il dort sur le paillasson
Aussi bien qu'un Iroquois.

Iroquois ! dit la petite fille
Tu veux te moquer de moi
Si je trouve mon aiguille
Je vais te piquer le doigt !

René de Obaldia, *Innocentines*
Bernard Grasset, 1965.

8   Les petits brigands

L'éléphantastique

ils jouaient dans la classe
avec les mots et les images.
ils apprivoisaient
peu à peu le langage.
ils faisaient des charades
des rébus des comptines
des bouts-rimés des acrostiches
et des calligrammes.
ils dessinaient tout un bestiaire
d'oiseaux quadrupèdes
velus ou bicéphales
des martaureaux et des cerfeuilles
des serpaons des escargorilles.
c'est ainsi qu'il est né
avec sa trompe longue
de papillon et ses
huit pattes frêles
l'éléphantastique.

Michel-François Lavaur
D.R.

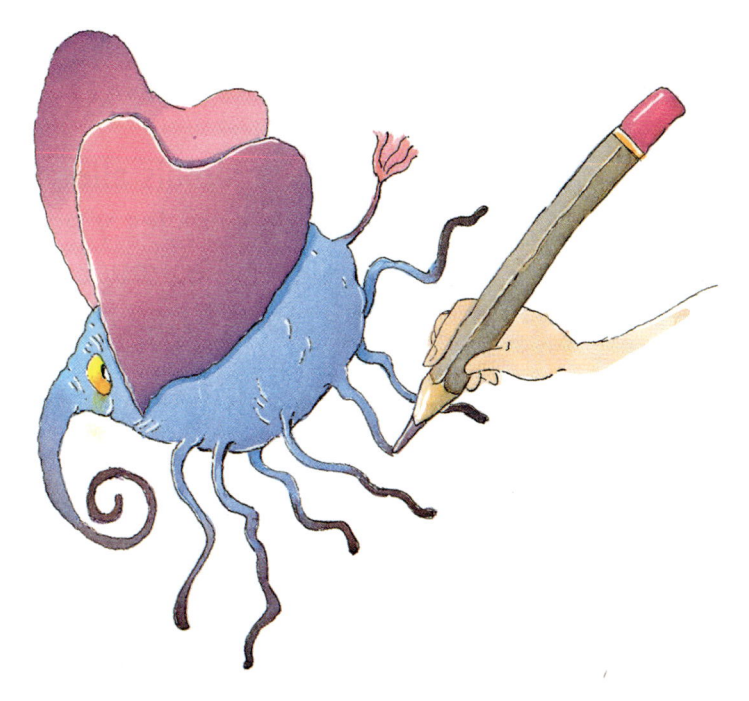

Un bon conseil

Bien sûr, ils font du bruit, ils cassent
Les oreilles des gens sérieux,
La vaisselle aussi, quelques tasses,
Des assiettes, c'est ennuyeux…
Ils imaginent des bêtises
Plus grosses que des éléphants.
Mais voulez-vous que je vous dise ?
Laissez s'amuser les enfants ! […]

Ils auront le temps d'être sages
Lorsqu'ils seront devenus grands,
Ils auront appris les usages
Et seront moins exubérants.
Moi, le conseil que je vous laisse
Semble peut-être époustouflant,
Mais mon nom veut dire «sagesse» :
Laissez s'amuser les enfants !

Sophie de Réan

Jacques Charpentreau, *Prête-moi ta plume*
Livre de Poche Jeunesse, Hachette Jeunesse.

1 Une drôle d'écolière

Fifi n'est jamais allée à l'école. Tommy et Annika l'ont persuadée de les y accompagner : la maîtresse est gentille, on s'amuse bien et on a des vacances à Noël, à Pâques et tout l'été. Voilà Fifi aussitôt séduite !

«Demain, je vais à l'école.»
Tommy et Annika applaudirent, ravis.
«Hourra ! Nous t'attendrons devant notre porte à huit heures.
– Non, non, non, dit Fifi. Je ne peux pas commencer si tôt. Du
5 reste, j'irai à l'école à cheval.»

Le lendemain, à dix heures pile, elle souleva son cheval de la véranda. Un moment plus tard, elle entra dans la cour de l'école au triple galop, descendit du cheval à toute vitesse, l'attacha à un arbre, poussa la porte de la classe d'un
10 grand coup – ce qui fit sursauter Tommy, Annika et tous leurs gentils camarades.
«Salut, tout le monde ! cria Fifi en agitant son grand chapeau. Est-ce que j'arrive à temps ?»

Tommy et Annika avaient expliqué à leur maîtresse qu'une nouvelle allait venir et qu'elle s'appelait Fifi Brindacier. La maîtresse avait déjà entendu parler de Fifi. Et comme c'était une maîtresse très gentille, elle avait décidé de faire tout son possible pour que Fifi se plaise à l'école. Fifi se jeta sur un banc vide. La maîtresse lui dit :
«Bienvenue à l'école, ma petite Fifi. J'espère que tu vas te plaire et que tu apprendras plein de choses.

Les petits brigands

25 — Et moi, j'espère que j'aurai des vacances de Noël, dit Fifi. C'est pour cela que je suis là. La justice avant tout !
— Et si tu me disais ton nom et tes prénoms afin que je puisse t'inscrire.
— Je m'appelle Fifilotta, Provisionia, Gabardinia, Pimprenella
30 Brindacier, fille du capitaine Éfraïm Brindacier, ex-terreur des océans, désormais roi des cannibales. Fifi est le surnom que m'a donné mon papa, il trouvait que Fifilotta était trop long à dire.
— Dans ce cas, nous t'appellerons Fifi également. Si nous com-
35 mencions par évaluer un peu tes connaissances ? Que dirais-tu d'un peu de calcul ? Une addition, par exemple. Combien font 7 et 5 ?»
Fifi observa la maîtresse, l'air surprise et fâchée.
«Si tu ne le sais pas toi-même, ne compte pas sur moi pour
40 trouver la solution à ta place.»

Les enfants regardèrent Fifi avec horreur. La maîtresse expliqua que l'on ne répondait pas de cette manière à l'école. On ne disait pas *tu* à la maîtresse, mais *vous* et on l'appelait *Mademoiselle*.
45 «Excusez-moi, répondit Fifi, gênée. Je ne savais pas. Je ne recommencerai plus.
— Je l'espère bien. Et je te dirai que 7 et 5 font 12.
— Tu vois bien ! Tu le savais ! Alors, pourquoi me le demander ? Oh ! là ! là ! je t'ai encore dit *tu*. Pardon», dit Fifi en se donnant
50 une grande claque sur l'oreille.
La maîtresse fit comme si de rien n'était et poursuivit l'interrogation :
«Eh bien, Fifi, combien font 8 et 4 ?
— Environ 67.
55 — Pas du tout. 8 et 4 font 12.
— Ah, mais ma petite dame, ça ne va pas du tout. Tu viens de me dire que c'est 7 et 5 qui font 12. Oh ! là ! là ! Voilà que je t'ai encore dit *tu*. Est-ce que tu peux me pardonner pour cette fois encore ?»
60 La maîtresse accepta, dit aux élèves de dessiner et distribua du papier et des crayons.

Les petits brigands

allègrement : avec entrain.

«Vous pouvez dessiner tout ce que vous voudrez», dit-elle en s'installant à son bureau pour corriger les cahiers d'exercices. Quelques minutes plus tard, elle leva la tête. Tous avaient les yeux fixés sur Fifi qui, installée par terre, dessinait allègrement*.
«Mais enfin ! Fifi ! Pourquoi ne dessines-tu pas sur le papier ? demanda la maîtresse, exaspérée.
– Il y a un bon moment que je l'ai utilisé ! dit Fifi ! Mon cheval ne peut pas tenir sur un petit bout de papier ridicule ! Là j'en suis aux jambes de devant, mais quand j'en serai à la queue, je vais me retrouver dans le couloir.»

La maîtresse réfléchit longuement.
«Et si nous chantions une chanson ?» proposa-t-elle.
Les enfants se levèrent tous. Fifi ne bougea pas du plancher.
«Mais allez-y, chantez, moi, je me repose un peu. Trop de savoir peut vous ruiner la santé, quand on manque d'entraînement.»
Cette fois-ci, la patience de la maîtresse était à bout. Elle ordonna aux élèves de sortir dans la cour ; elle avait deux mots à dire à Fifi, en particulier.

D'après Astrid Lindgren, *Fifi Brindacier*
© 1945 Astrid Lindgren, © 1995 Hachette Livre
Livre de Poche Jeunesse – Hachette Jeunesse

Pour savoir si Fifi va devenir une écolière modèle, lis Fifi Brindacier. *Elle n'a pas fini de te surprendre !*

Bonnes questions !

1. Pourquoi Fifi décide-t-elle d'aller à l'école ?
2. Quelles sont les principales erreurs commises par Fifi ?
3. A quelles leçons Fifi assiste-t-elle ?
4. La maîtresse te paraît-elle : *sévère • indulgente • patiente • autoritaire* ?
5. Peux-tu imaginer ce que la maîtresse va dire à Fifi ?

Les petits brigands

2 | La moquette

«Soyez sages, mes chéris, maman revient bientôt.
Elle va faire les courses.»

Les trois chéris donnèrent chacun un rapide baiser à maman qui s'était penchée vers eux et ils continuèrent à jouer sur la moquette avec leurs petites voitures et leurs poupées.
C'était une belle moquette rouge, épaisse, moelleuse, splendide, qu'on venait d'installer deux jours auparavant.

Nathalie se roulait avec délectation* dans cette moquette touffue. Stéphane et Jean-Marc étaient moins satisfaits : leurs voitures télécommandées roulaient moins bien que sur le parquet.

«C'est comme de l'herbe rouge, dit Nathalie. C'est doux !
– Oui, mais l'herbe est trop haute, constata Jean-Marc. Il faudrait la tondre.»

Stéphane, le plus âgé, comprit tout de suite ce qu'il convenait de faire. Il s'éclipsa* un moment et il revint avec le rasoir électrique de son père en position tondeuse.

«Qu'est-ce que tu fais ? demanda Nathalie.
– Je tonds l'herbe rouge», répliqua Stéphane qui était déjà en plein travail.

avec délectation : avec bonheur.

il s'éclipsa : il quitta la pièce discrètement.

Les petits brigands

baliser : signaler les dangers à l'aide de panneaux.

Il dessina des routes, entrelaça des courbes savantes et, bientôt, il eut mis au point tout un circuit. Alors, Stéphane et Jean-Marc purent se livrer à des courses plus rapides avec leurs voitures télécommandées. Mais, après quelques accidents, ils décidèrent de mieux baliser* les carrefours et les côtes. Jean-Marc alla chercher des tubes de dentifrice et des brosses ; les deux frères se mirent à décorer le circuit de quelques lignes blanches pointillées ou continues suivant la largeur de la route. C'était très artistique.

« Il faudrait des stops », fit remarquer Jean-Marc.
Stéphane acquiesça. Il utilisa des triangles de crème de gruyère : il enleva proprement le papier d'aluminium et il ficha les fromages, pointe en bas, sur le bord de quelques routes, dans l'épaisseur de la moquette.

« Et puis des arbres », dit Nathalie qui se chargea de planter des feuilles de laitue à des endroits judicieusement choisis.
Puis elle installa ses poupées à côté et réclama le droit de manipuler, elle aussi, les télécommandes.

Pendant ce temps, Stéphane tondit une grande surface ovale, la tapissa d'un sac en plastique, vint y verser l'eau d'une casserole et y fit sauter le poisson rouge : la route principale longeait désormais un lac superbe. Des aiguilles à tricoter, empruntées à l'éternel travail de leur mère, firent d'excellentes cannes à pêche. Nathalie les compléta avec du fil blanc en guise de ligne et des épingles en guise d'hameçons. Le poisson vint s'y frotter sans s'y laisser prendre.

« Il faudrait indiquer le départ et l'arrivée », dit Jean-Marc.
Stéphane utilisa son marqueur noir et il s'appliqua à tracer deux lignes bien droites.
Ils firent quelques courses et ils purent ainsi essayer leur habileté. Ils réussirent si bien qu'ils décidèrent de compliquer peu à peu les choses : ils établirent des obstacles grâce à une poignée d'olives parsemées sur la route, ils construisirent des chicanes*

chicanes : passages en zigzag sur un circuit automobile.

14 **Les petits brigands**

dévidées :
déroulées.

55 avec des pelotes de laine dévidées* et emmêlées, ils rendirent glissante une portion de route avec quelques gouttes d'huile habilement répandues. Bref, ils s'amusèrent comme il convient à des enfants modèles, bien décidés à ne pas faire de bêtises.

«Vous avez été sages, mes chéris ? demanda maman en rentrant, dès qu'elle eut ouvert la porte.
60
— Oh oui ! s'écrièrent-ils, en continuant gentiment à faire rouler leurs petites voitures sur leur magnifique circuit.»
Et maman vint les voir…
Ils ne comprirent pas pourquoi un jeu aussi intéressant et aussi tranquille leur attira alors de tels désagréments…

D'après Jacques Charpentreau, *Le bêtisier*
L'École des loisirs, 1983.

Bonnes questions !

1. Pour les enfants, que représente la moquette neuve ?

2. Qu'utilisent-ils pour :
   – tracer des routes ?
   – baliser les carrefours et les côtes ?
   – représenter des stops et faire des cannes à pêche ?

3. Que font-ils avec les olives ?
   – Et avec les pelotes de laine ?

4. Quels détails montrent qu'ils n'ont pas l'impression de faire des bêtises ?

5. Que penses-tu de ces enfants ?

Les petits brigands

3 César en pension [1]

Dans le collège de Linbury en Angleterre, une épidémie d'oreillons retient plusieurs élèves à l'infirmerie. L'un d'eux, Bromwich, a confié César, son cher poisson rouge, à ses amis, Bennett et Mortimer.

Pendant quelques jours, Bennett et Mortimer soignèrent César comme leur propre enfant. Ils devinaient ses moindres désirs. Par les belles soirées d'été, ils mettaient l'aquarium devant la cabane, afin que César pût admirer la splendeur du soleil cou-
5 chant. Quand le temps était couvert, ils le gardaient à l'intérieur. Ils passaient des heures à lui préparer de délicats repas et à le regarder manger. A travers la paroi de son aquarium, César pouvait voir deux énormes faces, aux contours indistincts, qui ouvraient et fermaient la bouche en même temps que lui.
10 «Nous devrions envoyer un bulletin de santé à Bromo, décida Bennett à la fin de la semaine. Il doit commencer à se tracasser.
– Bonne idée !» approuva Mortimer. Ils terminèrent leur bulletin avant d'aller se coucher.

«César est en bonne santé et ne s'ennuie pas trop,
15 annonçaient-ils. Il a grand appétit et il boit comme un trou. Il passe sa journée à faire la brasse à reculons. Nous lui avons dit que tu serais bientôt de retour. Ne t'inquiète pas pour lui.»

Bromwich fut si content de ce bulletin qu'il l'épingla au-dessus de son lit.

Quelques jours plus tard…

«Hé ! Morty ! César s'agite comme un sous-marin qui a perdu sa boussole.

Les petits brigands

25 — Qu'est-ce qu'il fait ?
— Je ne sais pas trop. Il monte et redescend sans arrêt. Viens voir ! Je ne trouve pas ça rassurant. »
César était à coup sûr très agité. Il partait d'un coin de son aqua-
30 rium, donnait un brusque coup de queue qui ridait la surface de l'eau, filait vers l'autre coin et recommençait son manège.
Mortimer eut beau consulter le petit livre de Bromwich sur les soins à donner aux poissons rouges, il ne découvrit aucune maladie qui se manifestât par de tels symptômes*.
« Je ne crois pas qu'il soit malade, déclara Bennett. C'est tout
35 simplement qu'il s'ennuie et a besoin d'un peu d'exercice. Nous pourrions lui faire faire quelques brasses dans la piscine. Il serait fou de joie.
— Oui, peut-être… » dit Mortimer, songeur.

Finalement ils décidèrent de placer César dans le filet à papillons de Mortimer et de le plonger dans la piscine. Bennett
40 marcherait lentement sur le bord, tandis que César nagerait à son aise. De la sorte, il aurait le plaisir de changer d'eau, sans pouvoir s'échapper ou prendre une mauvaise direction.
« Je propose d'y aller demain soir, tout de suite après l'étude, dit
45 Bennett. Il n'y aura personne, puisque la séance de natation est le mardi matin.
— J'irai chercher César, toi ton filet à papillons. Et en avant pour l'Opération Poisson rouge ! »

(à suivre)

symptômes : signes annonçant une maladie.

Bonnes questions !

1. Pourquoi Bromwich a-t-il confié César à Bennett et Mortimer ?

2. Les deux garçons s'occupent-ils bien du poisson rouge ? A quoi le vois-tu ?

3. Bennett et Mortimer te semblent-ils de bons camarades ? Pourquoi ?

4. Pourquoi César inquiète-t-il les deux garçons ?

5. Que décident-ils ? Pourquoi ?

Les petits brigands

4 César s'évade [2]

L'Opération Poisson rouge ne se déroula pas exactement selon le plan prévu. Peu après la fin de l'étude, Bennett se dirigea vers la piscine couverte, portant avec précaution l'aquarium de César.

Mortimer l'attendait là depuis quelques instants, avec son filet à papillons et la clef. Furtivement*, les deux garçons pénétrèrent dans le bâtiment.

5 César ne donnait plus aucun signe d'agitation. Il restait parfaitement immobile au fond de son aquarium. Seul un léger battement de nageoires, de temps à autre, montrait qu'il ne dormait pas.

« Avec toute la nourriture que nous lui avons donnée, dit Bennett, César a pris un peu trop de poids ces derniers temps. 10 Je propose que nous partions du plongeoir, et que nous le fassions nager sur une ou deux longueurs, pour le faire maigrir. »

Avec soin, le poisson fut transféré* dans le filet à papillons, et l'on plongea celui-ci dans l'eau. Bennett saisit le manche et commença à avancer lentement le long de la piscine. 15 Au début, tout alla très bien.

« Il doit se demander ce qui lui arrive ! murmura Mortimer. Il a eu un regard tout surpris quand je l'ai mis dans le filet.

– Je suis sûr qu'il est ravi de prendre de l'exercice, répliqua Bennett. Et Bromo sera ravi, lui aussi, parce qu'il n'aura pas trop grossi quand il reviendra.

– Oh ! mais si ! protesta Mortimer. Il aura forcément grossi après avoir passé trois semaines au lit.

furtivement : sans se faire remarquer.

transféré : transporté de l'aquarium à la piscine.

18 **Les petits brigands**

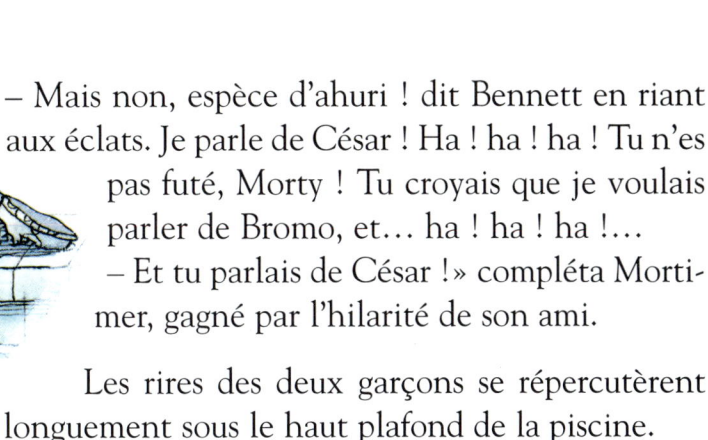

– Mais non, espèce d'ahuri ! dit Bennett en riant aux éclats. Je parle de César ! Ha ! ha ! ha ! Tu n'es pas futé, Morty ! Tu croyais que je voulais parler de Bromo, et... ha ! ha ! ha !...

– Et tu parlais de César ! » compléta Mortimer, gagné par l'hilarité de son ami.

Les rires des deux garçons se répercutèrent longuement sous le haut plafond de la piscine.

« Ah ! que c'était drôle ! reprit Bennett, haletant. Il faudra que je la raconte à Briggs ! Tu croyais que je pensais... ha ! ha ! ha ! ... Oh !... »

Son rire s'arrêta net et fut suivi d'un cri d'angoisse.

« Oh ! zut ! vite, Morty ! le poisson... il a filé !

– Quoi ? Pas possible ! »

Bennett retira le filet de l'eau. Il était vide ! Pendant quelques secondes, ils l'examinèrent avec un étonnement horrifié, puis, quand le premier choc fut passé, ils l'examinèrent, et découvrirent dans les mailles du fond un trou de la grosseur du pouce.

« Catastrophe ! gémit Mortimer. Bromo ne nous le pardonnera jamais s'il arrive quelque chose à César !

– Il ne doit pas être bien loin, dit Bennett. Regardons si nous ne le voyons pas... Mais comme l'eau est sale ! Nous aurions dû attendre qu'on l'ait changée. Je ne vois pas le fond ! »

Bennett et Mortimer s'accroupirent sur le bord et tentèrent de percer du regard les profondeurs. Une fois, Bennett entrevit un reflet rougeâtre, près de la surface, mais c'était à plus d'un mètre de lui. Empoignant le filet à papillons, il se pencha en avant, tandis que Mortimer le maintenait par les chevilles. Trop tard ! César avait de nouveau disparu.

« Ce n'est pas possible ! protesta Mortimer. Bromo aurait une rechute s'il arrivait malheur à son poisson. Oh ! Catastrophe ! Pourquoi sommes-nous venus ici ? Pourquoi l'avons-nous perdu ?

– C'est de ta faute, parce que ton filet était troué, répliqua Bennett. Mais de toute façon,

Les petits brigands

il n'est pas perdu puisque nous savons où il est. Il ne risque pas de se noyer ou de s'échapper. Laissons-le ici pour cette nuit, et nous reviendrons demain matin, avant le petit déjeuner. Nous finirons bien par le récupérer.»

70   Une minute plus tard, ils virent Atkins arriver à toute allure.
«Ah ! te voilà Bennett ! cria-t-il. Bromo vient de me faire passer un message. Il veut savoir si César est content et s'il se porte toujours bien.
75 – Il est drôlement content ! répondit Mortimer sur un ton lugubre*. Heureux comme un poisson dans l'eau ! Il doit même se tordre de rire, à l'heure qu'il est.
– Et il va bien ?
– Il va très bien, répondit à son tour Bennett, d'une voix étran-
80 glée. Il va parfaitement bien, je te remercie.»

Anthony Buckeridge, *Bennett et sa cabane*
Livre de Poche Jeunesse, Hachette Jeunesse.

lugubre : très triste.

Quel souci pour nos deux amis ! Que va devenir César quand Martin videra la piscine pour la nettoyer ? Pour savoir comment, avant de retrouver son aquarium, il séjourne dans une théière, lis Bennett et sa cabane.

Bonnes questions !

1. En quoi consiste l'Opération Poisson rouge ? Te paraît-elle nécessaire ?
2. Comment César a-t-il réussi à s'évader ?
3. Est-il facile de récupérer César ? Pourquoi ?
4. Atkins va-t-il croire que César est *drôlement content* et que tout va bien ? Pourquoi ?

20 Les petits brigands

5   Les petits poissons

Sophie était étourdie ; elle faisait souvent sans y penser de mauvaises choses. Voici ce qui arriva un jour :

Sa maman avait des petits poissons qu'elle aimait beaucoup. Ils vivaient dans une cuvette pleine d'eau au fond de laquelle il y avait du sable pour qu'ils puissent s'y enfoncer et s'y cacher. Tous les matins, Mme de Réan portait du pain à ses petits poissons ;
5 Sophie s'amusait à les regarder pendant qu'ils se jetaient sur les miettes de pain et qu'ils se disputaient pour les avoir.

Un jour, son papa lui donna un joli petit couteau en écaille. Sophie, enchantée de son couteau, s'en servait pour couper son pain, ses pommes, des biscuits, des fleurs, etc.
10 Un matin, Sophie jouait ; sa bonne lui avait donné du pain qu'elle avait coupé en petits morceaux, des amandes et des feuilles de salade ; elle demanda de l'huile et du vinaigre pour faire la salade.
«Non, répondit la bonne ; je veux bien vous donner du sel, mais
15 pas d'huile ni de vinaigre qui pourraient tacher votre robe.
– Si j'avais quelque chose à saler ? se dit Sophie. Je ne peux pas saler du pain ; il me faudrait de la viande ou du poisson… Oh ! la bonne idée ! je vais saler les petits poissons de maman ; j'en couperai quelques-uns en tranches avec mon couteau, je salerai les autres tout entiers. Quel joli plat cela fera !»

Et voilà Sophie qui ne réfléchit pas que sa maman n'aura plus les jolis petits poissons qu'elle aime tant, que ces pauvres petits souffriront beaucoup d'être salés vivants ou d'être coupés en tranches. Sophie s'approche de la cuvette, les pêche tous, les met dans une assiette, retourne à sa petite table, prend quelques-uns de ces pauvres petits poissons et les étend sur un plat. Mais les poissons remuaient et sautaient tant qu'ils pouvaient. Pour les faire tenir tranquilles, Sophie leur verse du sel sur le dos, sur la tête, sur la queue. En effet, ils restent

Les petits brigands   21

immobiles : les pauvres petits étaient morts. Quand son assiette fut pleine, elle en prit d'autres et se mit à les couper en tranches. Les malheureux poissons se tordaient en désespérés, mais devenaient bientôt immobiles parce qu'ils mouraient. Après le second poisson, Sophie s'aperçut qu'elle les tuait en les coupant en morceaux ; elle regarda avec inquiétude les poissons salés et vit qu'ils étaient tous morts. Sophie devint rouge comme une cerise. «Que va dire maman ? se dit-elle. Comment faire pour cacher cela ?»

Elle réfléchit un moment. Son visage s'éclaira ; elle avait trouvé un moyen excellent pour que sa maman ne s'aperçût de rien.
Elle ramassa bien vite tous les poissons salés et coupés, les remit dans une petite assiette, sortit doucement de la chambre et les reporta dans leur cuvette.
«Maman croira, dit-elle, qu'ils se sont battus, qu'ils se sont entre-déchirés et tués. Je vais essuyer mes assiettes, mon couteau et ôter mon sel ; ma bonne n'a pas, heureusement, remarqué que j'avais été chercher les poissons.» Sophie rentra sans bruit dans sa chambre, se remit à la petite table et continua de jouer avec son ménage*.

D'après la Comtesse de Ségur, *Les malheurs de Sophie*.

son ménage : sa dînette.

Hélas, quand il s'agit de faire des bêtises, Sophie fourmille d'idées ! Tu t'amuseras beaucoup en lisant ses autres mésaventures dans Les malheurs de Sophie.

Bonnes questions !

1. Quel cadeau Sophie a-t-elle reçu ? Qui le lui a offert ?
2. Que fait Sophie avec cet objet ?
3. Sophie a-t-elle l'intention de faire du mal ?
4. Comment Sophie réagit-elle quand elle s'aperçoit que les poissons sont morts ?
5. Parmi les adjectifs suivants, lequel te paraît le mieux qualifier Sophie ?
   méchante • inconsciente • irréfléchie • astucieuse

Les petits brigands

lire pour en savoir plus

Faisons plus ample connaissance avec la comtesse de Ségur.

La comtesse de Ségur
1799-1874

Sophie Rostopchine est née à Saint-Pétersbourg en 1799. Elle a passé son enfance en Russie dans une immense propriété – 4 000 paysans travaillent sur le domaine – puis dans une somptueuse villa proche de Moscou. Sa vie a donc débuté dans un milieu privilégié : n'a-t-elle pas pour parrain le tsar Paul 1er, lui-même ?

Pourtant Sophie fut élevée « à la dure ». Malgré les nombreux domestiques employés au château, on dit que les enfants Rostopchine grelottaient durant le rude hiver russe et ne mangeaient pas toujours à leur faim !

Le père de Sophie, le comte Fiodor Rostopchine, fut Premier ministre du tsar puis, en 1812, gouverneur de Moscou. A cette époque Napoléon 1er cherchait à étendre sa puissance sur toute l'Europe. Alors qu'il était sur le point de prendre Moscou, c'est le comte Rostopchine qui ordonna d'incendier la ville, provoquant ainsi la terrible retraite de Russie.

En 1817, la famille Rostopchine s'installa à Paris. Deux ans plus tard, Sophie devint comtesse de Ségur en épousant le comte de Ségur.
Elle vécut en Normandie, au domaine des Nouettes, et en Bretagne au château de Kermadio. Elle eut sept enfants et vingt et un petits-enfants.

Elle mourut à Paris en 1874 et repose dans le petit cimetière de Pluneret non loin de Kermadio.

Les petits brigands

6   Un gentil petit frère

Pendant les vacances, Marcel délaisse son petit frère Paul, et passe ses journées dans la colline avec son ami Lili. Marcel raconte…

Je n'avais jamais été si heureux de ma vie mais, parfois, le remords* me suivait dans la colline : j'avais abandonné le petit Paul. Il ne se plaignait pas, mais je le plaignais en imaginant sa solitude. C'est pourquoi je décidai un jour de l'emmener avec nous…
Le matin, vers six heures, nous emmenâmes Paul, encore mal éveillé mais assez joyeux de l'aventure et il marcha bravement entre nous.

En arrivant au Petit-Œil*, nous trouvâmes, pris au piège, un pinson. Paul le dégagea aussitôt, le regarda un instant et fondit en larmes en criant d'une voix étranglée :
« Il est mort ! il est mort !

le remords : le sentiment d'avoir mal agi, ou le regret d'une faute.

le Petit-Œil : nom d'un endroit dans la colline.

Les petits brigands

– Mais bien sûr, dit Lili. Les pièges, ça les tue !
– Je ne veux pas, je ne veux pas ! Il faut le démourir !…»

Il essaya de souffler dans le bec de l'oiseau puis le lança en l'air pour aider son essor*. Mais le pauvre pinson retomba lourdement, comme s'il n'avait jamais eu d'ailes. Alors le petit Paul ramassa des pierres et se mit à nous les lancer, dans un tel état de rage que je dus le prendre dans mes bras et le rapporter à la maison.

Je fis part à ma mère du regret que j'avais de l'abandonner.
«Ne t'inquiète pas pour lui, me dit-elle. Il adore sa petite sœur et il a beaucoup de patience avec elle : il s'en occupe toute la journée. N'est-ce pas, Paul ?
– Oh oui, maman !»

Il s'en occupait, en effet.
Dans les fins cheveux frisés, il accrochait une poignée de cigales, et les insectes captifs vrombissaient* autour de la tête enfantine qui riait, pâle de terreur ; ou bien, il l'installait, à deux mètres du sol, dans la fourche d'un olivier, et feignait* ensuite de l'abandonner à son triste sort : un jour, comme elle avait peur de descendre, elle grimpa jusqu'aux plus hautes branches, et ma mère épouvantée vit de loin ce petit visage, au-dessus du feuillage d'argent. Elle courut chercher l'échelle double et réussit à la capturer avec l'aide de la tante Rose, comme font parfois les pompiers pour les petits chats aventureux. Paul affirma «qu'elle lui avait échappé», et la petite sœur fut désormais considérée comme un singe, capable des pires escalades.

Mais un soir, après la chasse, je trouvai Paul dans notre chambre, sanglotant sur son oreiller.
Il avait, en ce jour fatal*, inventé un nouveau jeu dont les règles étaient très simples.
Il pinçait fortement la fesse dodue de la petite sœur qui poussait aussitôt des cris perçants. Alors Paul courait, comme éperdu*, vers la maison : «Maman ! Viens vite ! Une guêpe l'a piquée !»
Maman accourut deux fois avec du coton et de l'ammoniaque et chercha à extraire, entre deux ongles, un aiguillon qui

son essor : son envol.

une cigale

ils vrombissaient : ils bourdonnaient.

Paul feignait : il faisait semblant.

ce jour fatal : ce jour dramatique.

comme éperdu : affolé.

Les petits brigands

n'existait pas, ce qui redoubla les hurlements de la petite sœur, pour la plus grande joie du sensible Paul.

Mais il commit la grande erreur de renouveler une fois de trop sa plaisanterie fraternelle.
Ma mère, qui avait conçu des doutes, le prit sur le fait : il reçut une gifle magistrale* suivie de quelques coups de martinet qu'il accepta sans broncher ; mais la remontrance pathétique* qui suivit lui brisa le cœur, et à sept heures du soir, il en était encore inconsolable. A table, il se priva lui-même de dessert, tandis que la petite sœur martyrisée et reconnaissante, lui offrait en pleurant de tendresse, sa propre part de crème au caramel…

D'après Marcel Pagnol, Le château de ma mère
éd. Pastorelly, 1958.

une gifle magistrale : une gifle très forte.

la remontrance pathétique : les reproches touchants, émouvants.

Bonnes questions !

1. Cherche dans le premier paragraphe les détails qui montrent que Marcel est tourmenté par le regret d'avoir abandonné son frère Paul.

2. Paul ne connaît pas le mot «ressusciter».
Quel terme emploie-t-il à la place ? Comment l'a t-il inventé ?

3. La petite sœur réagit aux mauvaises plaisanteries de Paul d'une manière inattendue :
• Elle a peur des cigales mais…
• Elle a peur de descendre de l'arbre mais…
• Elle est martyrisée par son frère mais…

4. Comment le polisson fut-il découvert ? Sa mère réagit sévèrement : relève les trois réactions qui le montrent.

5. Comment Paul se punit-il ? Qu'en penses-tu ?

LA PETITE LIBRAIRIE

Fifi Brindacier★★
Astrid Lindgren,
Le Livre de Poche Jeunesse
Hachette jeunesse, 1988.

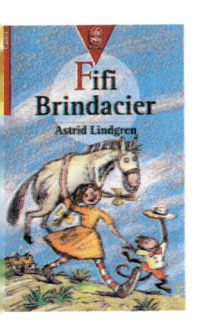

Une petite fille vraiment pas ordinaire à l'esprit inventif et aux folles idées. Chaque chapitre t'entraînera dans une nouvelle aventure à l'école, en excursion, au cirque... Fifi a tous les pouvoirs, rien ne l'arrête et comme elle est drôle !

Une potion magique pour la maîtresse★★
Gilles Fresse,
Collection Cascade
Rageot-Éditeur, 1990.

Les inventions d'oncle Théo épatent son neveu : ce sont des lunettes pour voir à travers les murs, une brouette téléguidée et même, un jour, une potion magique que Théo essaie sur la maîtresse de Léo. Voila Léo bien ennuyé ; mais tout finit par s'arranger.

Zozo la tornade★
Astrid Lindgren,
Le Livre de Poche Jeunesse
Hachette jeunesse, 1989.

Zozo est un petit Suédois de sept ans qui parle en zozotant. Malgré son visage d'ange, c'est un véritable petit diable. Il invente au moins une bêtise par mois ! Tu le retrouveras aussi dans *Les nouvelles farces de Zozo la tornade*, *La 325ᵉ farce de Zozo la tornade* et *Les cahiers de Zozo la tornade*.

Un bon petit diable★★
Comtesse de Ségur,
Le Livre de Poche Jeunesse
Hachette jeunesse, 1992.

Un autre grand classique de la Comtesse de Ségur dont l'action se passe en Écosse. Le pauvre Charles est maltraité et mal nourri par son avare cousine Madame Mac'Miche qui l'a recueilli à la mort de ses parents. Mais il invente sans cesse des diableries pour s'opposer à elle. La brave cuisinière Betty et ses deux autres cousines, Marianne et Juliette, sont ses alliées.

Le petit Nicolas et les copains★★
Sempé et Goscinny,
Folio junior
Gallimard, 1988.

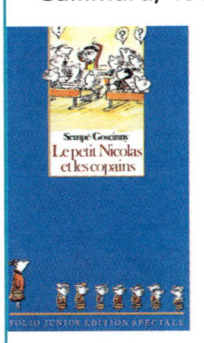

Nicolas et ses innombrables copains t'amuseront beaucoup. Tu les rencontreras avec plaisir dans *La pluie*, *Clotaire a des lunettes*, *La nouvelle librairie*, *les campeurs*, et bien d'autres aventures amusantes.

Les histoires de Rosalie★
Michel Vinaver,
Collection Castor Poche
Flammarion, 1980.

Voici les aventures d'une petite fille turbulente à l'imagination débordante. Sa curiosité et son esprit inventif l'amènent à se livrer à des expériences qui frisent la catastrophe et ses plaisanteries ne sont pas toujours appréciées de son entourage.

Les petits brigands 27

atelier

Vocabulaire — le préfixe «télé»

1 Les enfants jouent avec une voiture télécommandée. Comment dirigent-ils cette voiture ?

Sur ce dessin, puis dans les exemples ci-dessous, peux-tu reconnaître une télévision, un téléphone, une télécommande, un téléscope.

a. Il permet une conversation entre deux personnes éloignées l'une de l'autre.

b. Elle reçoit des images venant de loin.

c. Il permet d'observer les astres.

d. Elle permet de faire fonctionner et de régler un appareil à distance.

> **Télé** est un préfixe d'origine grecque qui signifie **loin**, **à distance**.

2 Autour du mot «télévision».

a. Les personnes qui regardent la télévision sont des …

b. Un film réalisé pour la télévision est un…

c. Une émission vue à la télévision est une émission…

Le dictionnaire — l'alphabet

1 Sur quelles lettres sont tombées les gouttes de peinture ?

A B ▮ D E F ▮ H I J K L ▮ N O P Q R S ▮ V W ▮ Y Z

2 Numérote les 26 lettres de l'alphabet (a = 1, b = 2, c = 3 …) puis déchiffre le message suivant pour savoir ce que Paul cache dans sa main.

21 - 14 - 5   19 - 1 - 21 - 20 - 5 - 18 - 5 - 12 - 12 - 5

Les petits brigands

@telier

Expression orale et **Expression écrite**   la chronologie

1 Recopie les phrases dans le bon ordre pour comprendre cette petite histoire.

a. – Mais il n'y a pas de crocodiles dans le quartier ! s'étonne Guillaume.
b. « Pourquoi as-tu mis ta veste à l'envers ? demande Guillaume.
c. – Alors, dit Isabelle, c'est que ça marche ! »
d. Guillaume et Isabelle se rencontrent à la boulangerie.
e. – Parce que ça fait fuir les crocodiles, répond Isabelle.

Que penses-tu de la réponse d'Isabelle ? Te semble-t-elle stupide ou drôle ?

> La chronologie est l'ordre dans lequel se déroulent les différents moments d'une histoire.

2 L'histoire ci-dessous est incompréhensible parce que les images sont mélangées. Observe-les attentivement et retrouve le déroulement des différentes actions. Donne un titre à l'histoire et raconte-la.

a.

b.

c.

d.

Les petits brigands 29

Dans ce chapitre, tu liras les histoires suivantes…

1 Timothée à l'école

Paul Fournel……………page 34

2 Une rentrée ratée

Catherine Missonnier……………page 38

3 La ponctuation

Claude Capiaux……………page 41

4 Un maître pas comme les autres [1]

Philippe Barbeau……………page 44

Le chemin des écoliers

Poésie	32
Lectures	34 à 50
Lire pour en savoir plus : Rencontre avec Paul Fournel	37
La petite librairie	51
Atelier	52

- Vocabulaire : sens propre et sens figuré
- Le dictionnaire : l'alphabet
- Expression écrite : la ponctuation

5 *Un maître pas comme les autres [2]*

Philippe Barbeau..................page 46

6 *Classe de lune*

François Sautereau..................page 49

Poésie

L'école

    Dans notre ville, il y a
Des tours, des maisons par milliers,
Du béton, des blocs, des quartiers,
Et puis mon cœur, mon cœur qui bat
    Tout bas.

    Dans mon quartier, il y a
Des boulevards, des avenues,
Des places, des ronds-points, des rues,
Et puis mon cœur, mon cœur qui bat
    Tout bas.

    Dans notre rue, il y a
Des autos, des gens qui s'affolent,
Un grand magasin, une école.
Et puis mon cœur, mon cœur qui bat
    Tout bas.

    Dans cette école, il y a
Des oiseaux chantant tout le jour
Dans les marronniers de la cour.
Mon cœur, mon cœur, mon cœur qui bat
    Est là.

© Jacques Charpentreau, *La ville enchantée*.

Ponctuation

– Ce n'est pas pour me vanter,
    Disait la **virgule,**
Mais, sans mon jeu de pendule,
Les mots, tels des somnambules,
Ne feraient que se heurter.

– C'est possible, dit le **point.**
    Mais je règne, moi,
Et les grandes **majuscules**
Se moquent toutes de toi
Et de ta queue **minuscule.**

– Ne soyez pas ridicules,
    Dit le **point-virgule,**
On vous voit moins que la trace
De fourmis sur une glace.
Cessez vos conciliabules.

Ou, tous deux, je vous remplace !

Maurice Carême, *Au clair de la lune*
Hachette, Livre de Poche Jeunesse.
© Fondation Maurice Carême.

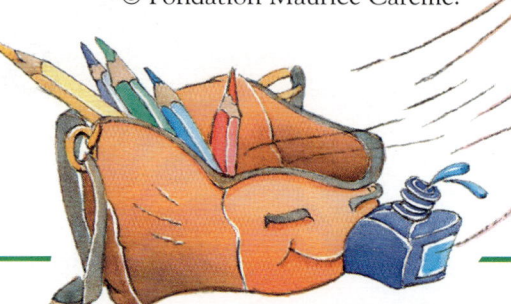

Notre école

Notre école se trouve au ciel.
Nous nous asseyons près des anges
Comme des oiseaux sur les branches.
Nos cahiers d'ailleurs ont des ailes.

A midi juste, l'on y mange,
Avec du vin de tourterelle,
Des gaufres glacées à l'orange.
Les assiettes sont en dentelle.

Pas de leçons, pas de devoirs.
Nous jouons quelquefois, le soir,
Au loto avec les étoiles.

Jamais nous ne rêvons la nuit
Dans notre petit lit de toile.
L'école est notre paradis.

Maurice Carême, *Le moulin de papier*.
© Fondation Maurice Carême.

Mon cartable

Mon cartable a mille odeurs,
mon cartable sent la pomme,
le livre, l'encre, la gomme
et les crayons de couleurs.

Mon cartable sent l'orange,
le bison et le nougat,
il sent tout ce que l'on mange
et ce qu'on ne mange pas.

La figue et la mandarine,
le papier d'argent ou d'or,
et la coquille marine,
les bateaux sortant du port.

Les cow-boys et les noisettes,
la craie et le caramel,
les confettis de la fête,
les billes remplies de ciel.

Les longs cheveux de ma mère
et les joues de mon papa,
les matins dans la lumière,
la rose et le chocolat.

Pierre Gamarra.

Le chemin des écoliers

1 Timothée à l'école

La journée d'un écolier est bien remplie.
Voici comment se déroule une matinée dans la classe
de Timothée le rêveur.

obsession : idée fixe.

être dérouté : être désorienté, embarrassé.

prendre le pli : prendre l'habitude.

La maîtresse tape deux fois dans ses mains.
On l'aime bien, cette maîtresse-là, parce qu'elle fait passer le temps très vite et trouve toujours le moyen d'expliquer les choses les plus compliquées. Elle sait aussi inventer des jeux. Sa
5 seule obsession*, c'est de faire tout trouver aux élèves tout seuls ; au début de l'année, Timothée était dérouté* mais il a vite pris le pli*.

Elle ouvre le tableau et découvre la liste que Marco a copiée hier. Ce sont les noms et les années de naissance de
10 tous les élèves de la classe mis en désordre. Pour envoyer cette liste aux correspondants de CM1 de Valence, il faut trouver un moyen de ranger tout cela par années et par sexe. Timothée a déjà trouvé le truc : il fait deux cercles l'un dans l'autre, divise le tout en quatre quartiers (un pour chaque année de nais-
15 sance), cela lui fait huit cases. Dans les quatre cases du petit cercle, il met les filles, dans les quatre autres, les garçons. Il trace un trait à partir du petit cercle et écrit : « filles » dans un rectangle à l'autre extrémité. Il aurait dû faire ça en couleurs. Tant pis.

34 Le chemin des écoliers

Marie, elle, met tout en tableau. Elle s'applique à tirer des traits bien droits avec sa règle.

De son pupitre, Timothée tire une fiche de calcul. Pendant que les autres finissent, il va faire sa division. Il aime bien faire des choses tout seul, en prenant son temps. Il se redresse un instant sur sa chaise. Ses yeux picotent un peu et il sent comme un léger vertige. Il décide de s'accorder quelques secondes de repos, quitte ses lunettes et se frotte les paupières.

Que peut faire alors Timothée le rêveur pendant ces quelques secondes de repos ? Vous l'avez deviné : il rêve… Il est devenu un capitaine astronaute* et il est à bord d'une capsule spatiale. Tout à coup…

astronaute : pilote d'un engin spatial.

La maîtresse se penche au-dessus de son épaule. Il remet ses lunettes en toute hâte.
« Tu me fais voir ton tableau, s'il te plaît ? »
Timothée le sort de dessous sa fiche et le lui tend.
« Très bien, tu le copieras au tableau demain matin avec Marco.
– J'ai fait ma division aussi. Elle est juste ?
– Tu la corrigeras toi-même. Sors en récréation. »

Après la récréation, c'est la leçon de géographie. Un élève distribue des cartes de France en plastique.
« Vous avez tous des cartes ? dit la maîtresse. Vous tracez le tour sur votre feuille et vous placez les fleuves et les grandes villes. Lorsque vous aurez fini, nous jouerons à retrouver les endroits où vous êtes allés en vacances et vous raconterez à vos copains à quoi ils ressemblent. »

Timothée contemple la grande carte murale. Il a de la chance : il est allé en colo à Chamonix et il a visité la mer de Glace ; il sait qu'on la montre en blanc bien qu'elle soit très sale.

Le chemin des écoliers

60 Les taches blanches ne sont pas très nombreuses sur la carte et il trouve vite la bonne.

Crois-tu que Timothée soit encore en classe ? Non, bien sûr : il conduit un scooter des neiges sur l'immensité de la banquise* canadienne. Le massacre des bébés phoques a commencé et Timothée doit le faire cesser…

65 La maîtresse tape deux fois dans ses mains.
« Vous rangez vos affaires et vous sortez en ordre. Ceux qui vont à la cantine attendent au pied de l'escalier. Je ne veux pas entendre de galopade dans l'escalier, compris ? »

D'après Paul Fournel,
Les aventures très douces de Timothée le rêveur,
Hachette, 1978.

banquise : couche de glace flottante dans les régions polaires.

Pour en savoir plus sur l'emploi du temps de Timothée, lis le livre de Paul Fournel. Tu suivras Timothée tout au long de sa journée d'écolier et tu riras bien souvent.

Bonnes questions !

1. Pour quelles raisons les enfants aiment-ils cette institutrice ?
2. Que souhaite-t-elle obtenir de ses élèves ?
3. Quelles sont les activités proposées aux enfants au cours de cette matinée ?
4. Quels voyages Timothée fait-il sans bouger de sa table d'écolier ?
5. Qui le ramène toujours à la réalité ? Comment ?

36 Le chemin des écoliers

lire pour en savoir plus

Rencontre avec Paul Fournel

L'auteur des Aventures très douces de Timothée le rêveur répond aux questions de ses jeunes lecteurs.

1. Qui êtes-vous Monsieur Fournel ?

Je suis un écrivain français qui aura bientôt cinquante ans. Je ne suis pas certain d'être un "monsieur". D'ordinaire, avant Fournel, on met "Paul". Parfois même on met "Paul" tout court ce qui crée des confusions.

2. Comment avez-vous trouvé le personnage de Timothée ?

J'ai complètement imaginé le personnage de Timothée mais j'ai très bien connu un petit garçon qui lui ressemblait. Il s'appelait Paul.

3. Comment connaissez-vous si bien ce qui se passe à l'école ?

Je connais bien ce qui se passe à l'école parce que j'y suis allé une bonne vingtaine d'années. Pour écrire Timothée, je suis retourné deux jours dans un CM2, je me suis assis au fond et j'ai regardé, écouté. J'ai mangé à la cantine. A la récré, je me suis aperçu que j'avais oublié mes billes à la maison.

4. Timothée voyage beaucoup dans sa tête. Étiez-vous comme lui en classe ?

J'étais comme Timothée, parce que tous les enfants sont comme Timothée. Ce qui ne m'empêchait pas d'être très présent en classe parce que ce qu'on y faisait m'intéressait souvent et me donnait matière à rêver...

Le chemin des écoliers

2 Une rentrée ratée

Laure, ce matin, se réveille de très mauvaise humeur. Les baskets noirs tout neufs, que sa mère lui a achetés la veille, sont trempés.
Elle ne pourra pas les mettre pour la rentrée.

Elle va être obligée de porter ces horribles sandales bleu marine qui lui donnent l'air d'un bébé et avec lesquelles elle n'arrive pas à courir. Évidemment, elle n'aurait pas dû sauter au-dessus du jet d'eau avec Popi hier soir. Ce matin, Popi est sèche, mais pas les baskets. Tant pis, elle les mettra mouillés.

Laure habite Montaigu, près de Saint-Germain-en-Laye. Montaigu a deux écoles maternelles, une école primaire et un collège. Laure va à l'école primaire, Julie au collège, Florence, la plus grande des filles, au lycée de Saint-Germain-en-Laye, et Marc, son frère aîné est étudiant à Paris. L'organisation de la maison est parfois assez compliquée.

Le chemin des écoliers

Dans la 2CV de maman, Laure se demande dans quelle classe elle sera cette année. Elle entre au CE2 et il y en a trois à l'école de la Châtaigneraie. Elle voudrait bien être chez Monsieur Taquet. Un maître, c'est plus amusant qu'une maîtresse, et c'est plus sportif, surtout Monsieur Taquet. Avec lui, on fait vraiment de la gymnastique et tous les ans, il emmène ses élèves à Roland-Garros. Une année, il les a même conduits au parc des Princes assister à un match de football.

La cour de l'école est pleine de parents qui s'agitent dans tous les sens en cherchant le nom de leurs enfants sur les listes d'élèves affichées aux différentes portes du préau. Et puis, les mères se retrouvent et se mettent à discuter sans fin. C'est fou ce que les mères sont bavardes.
Laure suit difficilement la sienne à travers la foule.
« Là, ce sont les CP, les CE2 doivent être plus loin. »

Devant les listes du CE1, la foule est si compacte* que Laure perd sa mère de vue. Autour d'elle, que des visages inconnus, elle ne sait plus dans quelle direction chercher. Sa mère a disparu. Elle a beau être grande et entrer au CE2, une pareille situation est désagréable. Elle continue à donner des coups de cartable pour se frayer un chemin*. Enfin, entre les têtes, Laure aperçoit sa mère qui discute avec celle de John et Ken.
« Tu exagères, je t'avais perdue, tu aurais pu m'attendre au moins, je ne savais plus où tu étais.
— Je cherchais ton nom. D'ailleurs je l'ai trouvé. Tu as une nouvelle maîtresse. »

une foule compacte : une foule serrée, dense.

se frayer un chemin : se faire un passage.

Le chemin des écoliers

Cette année ne va pas être marrante à l'école. Laure se rappelle soudain qu'elle a mis ses nouveaux baskets pour les faire admirer, et bien sûr, comme d'habitude, personne n'a rien remarqué. Du coup, elle sent qu'elle a les pieds mouillés et éternue.

Décidément, cette rentrée est complètement ratée !

D'après Catherine Missonnier.
Superman contre CE2, Rageot-Éditeur, 1989.

Malgré cette rentrée ratée, Laure et ses camarades vont passer une année riche en péripéties. Ils soupçonnent le nouveau maître de CM1 d'être un espion. Ont-ils raison ? Tu trouveras la réponse en lisant Superman contre CE2.

Bonnes questions !

1. Pourquoi Laure est-elle de très mauvaise humeur ce matin ?
2. Peux-tu imaginer pourquoi l'organisation de la maison est parfois compliquée ?
3. Pourquoi Laure trouve-t-elle cette rentrée complètement ratée ?

Le mot juste

1. Marc, le frère aîné de Laure, est étudiant. Depuis son entrée à l'école à trois ans, il a fréquenté quatre établissements scolaires.
- Quel nom leur donne-t-on ?
- Peux-tu les citer dans l'ordre ?

Tu trouveras les réponses dans le texte.

2. Marc fréquente une université : c'est un …

Laure va à l'… :   c'est une …

Julie est élève de… :   c'est une …

Florence va au … :   c'est une …

Le chemin des écoliers

3 La ponctuation

J'adore quand je peux apprendre des choses nouvelles tout en m'amusant.

Pour cela, avec Monsieur, je peux dire que j'ai de la chance. Chaque fois qu'il le peut, il essaie de nous présenter les choses même les plus rébarbatives*, de façon attrayante*. Ce qui lui importe le plus, c'est de capter notre attention, de nous intéresser. Et la meilleure façon de nous intéresser, il l'a bien comprise, c'est encore de nous amuser.

Ce jour-là, il s'agissait d'une leçon sur la ponctuation. Moi, vous savez, la ponctuation… A part les points, et encore ! Mais les autres bricoles, les virgules, les points-virgules, les deux points, etc., dans mes rédacs j'en mets de temps en temps, parce que je sais bien qu'il en faut, mais à la vérité, ça n'est pas bien ma spécialité. Monsieur dit toujours que c'est en lisant beaucoup qu'on finira par se familiariser avec la ponctuation et qu'on se persuadera* de sa nécessité. Oui, mais quand on lit un texte, elle y est déjà, la ponctuation : alors, on s'arrête un petit

---

rébarbatif : très ennuyeux.

de façon attrayante : de manière agréable, amusante.

se persuader : croire, être sûr.

Le chemin des écoliers

coup aux virgules, un peu plus longtemps aux points, ça fait l'affaire. Tandis que pour les rédacs, il faut les placer nous-mêmes ! Et ça, je dois dire, je n'y arrive pas encore très bien.

Bref, ce jour-là, Monsieur a voulu nous montrer l'importance de la ponctuation et, pour commencer, il a écrit au tableau cette phrase bien anodine* : *Jean dit : Paul est un âne.*
«Auguste, a dit Monsieur en s'adressant à Bouchard, veux-tu me lire cette phrase ?
Et l'Auguste de s'exécuter.
«Jean dit : Paul est un âne.
– Bien, a dit Monsieur calmement. A votre avis, dans cette histoire, qui est l'âne ?»
Une fois de plus, il avait su créer le déclic*, d'autant plus facilement d'ailleurs que la question était simpliste.
«Monsieur, c'est Paul ! hurlâmes-nous.
– Très bien ! fit Monsieur. Et qui affirme cela ?
– M'sieur, c'est Jean !
– Trrrès bien !» a approuvé Monsieur en roulant les r comme il fait chaque fois qu'il est très content ou qu'il s'apprête à nous tendre un piège.

Puis, dans la rainure du tableau, il s'est emparé du chiffon et a enchaîné, très calmement :
«Regardez bien ce que je fais maintenant : oh ! pas grand chose, simplement ceci, regardez !»
Et avec le chiffon, il a effacé les deux points.
«Regardez, regardez bien !» a-t-il insisté.
Alors, avec une craie rouge, il a mis une virgule après Jean, une autre après Paul, et a invité l'élève Bouchard à relire la phrase. Il ne se débrouille pas trop mal l'Auguste, quand elles sont placées d'avance, les virgules. Il s'est donc arrêté un petit coup après Jean, un petit coup après Paul, en lisant la phrase qui était alors devenue celle-ci :
«Jean, dit Paul, est un âne.
– Qui est-ce qui dit, maintenant ? interrogea Monsieur.
– M'sieur, c'est Paul !
– Et qui est l'âne ?
– M'sieur, c'est Jean !»

anodin : sans importance.

créer le déclic : provoquer l'intérêt.

Le chemin des écoliers

Incroyable, lumineux ! Avec simplement deux petites lichettes de craie rouge de rien du tout, Monsieur avait transformé complètement le sens de la phrase initiale.

« Vous comprenez mieux, maintenant, j'imagine, l'importance de la ponctuation ? conclut Monsieur. Et qu'il convient par conséquent d'en utiliser les différents signes convenablement. »

Bien entendu, et comme toujours en pareille circonstance, Monsieur n'en est pas resté là.

« Et maintenant, a-t-il dit, essayez, à votre tour, de bâtir une phrase dont le sens pourra être modifié en changeant simplement la ponctuation ! »

D'après Claude Capiaux,
Les Carnets de l'élève Mimile, éd. Réagir.

Bonnes questions !

1. Qui est Monsieur ?
2. Comment cet instituteur réussit-il à capter l'attention de ses élèves ?
3. Comment a-t-il créé le déclic pour montrer l'importance de la ponctuation ?
4. Comment Monsieur a-t-il complètement transformé la phrase initiale ?
5. Penses-tu qu'après cette leçon, les élèves ont mieux compris que la ponctuation joue un rôle très important dans un texte ? Explique pourquoi.

Le mot juste

Trouve le mot ou l'expression dans le texte pour dire :

1. Nous rendre attentifs.
2. Une phrase sans importance.
3. Et Auguste obéit à l'ordre de Monsieur.
4. La question était très facile.
5. Monsieur a continué la leçon,...
6. La phrase du début.

Le chemin des écoliers

4 Un maître pas comme les autres [1]

Vermillon et ses copains de classe en font voir de toutes les couleurs à leurs instituteurs qui se succèdent à un rythme accéléré. Mais, à la rentrée de la Toussaint, arrive Monsieur Meunier. Vermillon raconte...

cité : groupe d'immeubles.

Je vis dans une immense cité* moderne où je me sens parfois un peu perdu.
Cette histoire a commencé le jour où... Mais non ! Je ne vais pas tout raconter. Chaque chose en son temps.

Il faut d'abord que je présente les élèves de ma classe. Nous sommes onze. Onze copains unis comme les cinq doigts de la main. (Oui, je sais, cette phrase est bizarre, mais je ne suis doué ni en sciences, ni en mathématiques.) Nous ne sommes pas beaucoup dans notre classe, mais elle est un peu spéciale : ici ont été regroupés les plus nuls de l'école. Oh ! Il n'y a pas de honte à être un mauvais élève. J'en suis un et je ne m'en porte pas si mal.

Donc cette histoire a commencé à la rentrée des vacances de la Toussaint, dans la cour de l'école. Il faisait un froid de canard et une horrible bise nous gelait les os jusqu'à la moelle. Le moral était au plus bas. Pour les autres

Le chemin des écoliers

récalcitrants : rebelles ; ils s'opposent à l'apprentissage de la lecture.

il ne payait pas de mine : il était insignifiant, il n'avait l'air de rien.

il ne nous impressionnait pas : il ne nous faisait pas peur.

élèves, une rentrée, ce n'est déjà pas très gai, alors, c'est encore pire pour nous, les récalcitrants* de la lecture, les allergiques aux mathématiques, les champions des doigts de pied en éventail. Nous détestions tant l'école que nous en faisions voir de toutes les couleurs à nos instituteurs. Nous en avions déjà «usé» quatre depuis la rentrée de septembre. Quatre en deux mois !

Bref, nous en étions là lorsqu'il est arrivé : il ne payait pas de mine* et nous ne l'avons même pas remarqué tout de suite. En fait, nous nous sommes aperçus de sa présence lorsqu'il a fallu entrer en classe après la sonnerie.

«Il» s'est campé devant la porte et nous l'avons observé avec un sourire au coin des lèvres. Il n'était pas bâti comme M. Muscle et il ne nous impressionnait pas*. Ce petit bonhomme ne devait guère dépasser un mètre soixante. Nathalie, Fabrice et Émilia étaient au moins aussi grands que lui. Il était à peine plus épais qu'une affiche et portait de grosses lunettes à monture d'écaille.

José me glissa à l'oreille :

«Dis donc, tu as vu l'épaisseur de ses verres de lunettes. Faut être myope comme une taupe pour porter des carreaux pareils ! C'est une vraie taupe, ce type !»

Et voilà, c'est ainsi que lui est venu son surnom, le plus naturellement du monde.

(à suivre)

Bonnes questions !

1. Relève tous les mots ou toutes les expressions qui montrent que les élèves de cette classe ont des difficultés à l'école.
2. Pourquoi y-a-t-il si peu d'élèves dans cette classe ?
3. Que s'est-il passé entre la rentrée de septembre et celle qui suit les vacances de la Toussaint ?
4. Relève les détails qui montrent que le nouveau maître ne paie pas de mine.
5. Pourquoi les enfants ont-ils surnommé le nouveau maître «la Taupe» ?

Le chemin des écoliers

5 — Un maître pas comme les autres [2]

D'abord victime de mauvais tours, la Taupe se fait peu à peu accepter. Grâce à lui, les enfants découvrent, jour après jour, le plaisir d'une nouvelle école.

La Taupe a pas mal d'idées qui nous inquiètent un peu… au début.
Aujourd'hui, par exemple, sitôt rentré en classe, il a ordonné : «Posez vos cartables et accompagnez-moi jusqu'à ma voiture.
5 J'ai des colis à décharger et vous allez m'aider.»

Nous nous sommes précipités auprès de son auto. Le gros morceau de moquette posé sur la galerie nous intriguait*. Le maître le détacha.
«C'est pour quoi faire, m'sieur ?
10 – Ah ! Ah ! Ah ! Surprise ! Je vous le dirai en classe.»
Il descendit l'encombrant rouleau et le confia à quatre d'entre nous. Les autres se retrouvèrent bientôt chargés de cartons sortis du coffre, puis nous avons regagné notre domaine.

intriguer : exciter la curiosité.

Le chemin des écoliers

«A quoi va servir la moquette, m'sieur ?
– Et les cartons, qu'est-ce qu'il y a dedans ?
– Pourquoi avez-vous apporté tout ça, m'sieur ?»

Il laissa passer quelques instants, le temps que nous nous calmions, et il expliqua :
«Dans certains colis, il y a des petits morceaux de mousse et dans d'autres, du tissu. Nous allons en faire des coussins. Nous étalerons la moquette dans un coin de la classe et nous poserons les coussins dessus. Ensuite, nous peindrons les cartons. Ainsi, tout sera fin prêt* pour accueillir des livres et des lecteurs.
– Des livres, m'sieur ? Pourquoi des livres ? Ils ne sont pas bien, dans leur armoire ?
La Taupe sourit :
– Voyons Carlos, je ne veux pas parler des livres de classe mais de livres de bibliothèque. Des livres qui racontent des histoires, qui parlent de ce que l'on aime.
Carlos grimaça.

– Ne fais pas l'idiot, Carlos, poursuivit la Taupe en le toisant* d'un air sévère. Écoute : nous possédons un livre, le nôtre, celui que nous avons écrit nous-mêmes. Si nous le rangeons dans une armoire, nous l'oublierons. Si nous voulons penser à lui, si nous désirons le relire, il faut le mettre dans un endroit pratique et agréable, un coin bibliothèque par exemple. Seulement, un seul livre dans une bibliothèque, c'est un peu juste, tu ne trouves pas ? Donc, cet après-midi, nous irons dans une librairie acheter des livres, mais pas n'importe lesquels, des livres qui vont vous plaire, que vous allez aimer. D'ailleurs, c'est vous qui les choisirez, pas moi !

Quand nous aurons placé les livres dans notre coin bibliothèque, nous pourrons les regarder, les feuilleter, les lire même, confortablement installés parmi les coussins. Si cela vous tente, vous pourrez en emporter chez vous. Quand vous aurez vraiment goûté aux livres, aux beaux livres, aux livres qui font rêver, pleurer, chanter ou rire, vous ne pourrez plus vous en passer.»

fin prêt : tout à fait prêt.

toiser : regarder avec mépris.

Le chemin des écoliers 47

trimer : travailler dur.

50 Nous avons trimé* toute la matinée. La moquette a été vite installée mais il a fallu coudre les coussins et peindre les cartons. Nous nous étions réparti le travail. La Taupe allait de groupe en groupe.

55 Quand la cloche de midi sonna, tout était prêt. Il ne restait plus qu'à ranger notre unique livre dans le coin bibliothèque. Chacun voulait s'en charger. Quand nous avons vu notre livre, tout seul, dans un carton au milieu des coussins, nous avons vraiment désiré lui acheter des compagnons.

D'après Philippe Barbeau, L'odeur de la mer
Castor Poche, Flammarion, 1987.

Vermillon et ses camarades de classe vont-ils réussir à se réconcilier avec l'école ? Pour savoir ce qu'ils ont découvert grâce à la Taupe, lis L'odeur de la mer, *de Philippe Barbeau.*

Bonnes questions !

1. Quel but le maître poursuit-il en installant un coin bibliothèque ?
2. A quels détails voit-on que le nouveau maître commence à se faire accepter ?
3. Comment s'y prend-il pour faire admettre la nécessité de ce coin bibliothèque ?
4. Le maître n'impose pas la lecture des livres. Quels progrès attend-il de ses élèves ?
5. Quelle phrase montre que le maître a gagné.

Le chemin des écoliers

6 Classe de lune

Classe de neige, de mer ou classe verte,
c'est dépassé. Le CM2 de Christophe se prépare
à une grande première : une classe de lune !
Le départ est proche.

«Mes enfants ! a dit l'institutrice, voici la liste de toutes les opérations que nous aurons à effectuer avant le décollage, au moment du décollage et après le décollage.»
Il y en avait trois pages. Elle nous les a lues et a ajouté :
5 «Tout ça par cœur pour demain matin.
Cri unanime* :
– Par cœur ?
– Par cœur. Dites-vous bien que nul d'entre nous n'a droit à l'erreur. La moindre bêtise, et pouf ! la catastrophe !»

10 Elle a distribué les feuilles dans un silence pesant. Les lettres dansaient sur le papier. Les instructions étaient organisées en vingt-six articles assez brefs.
Nous avons lu, questionné. Elle a répondu. Nous avons écouté, appris, récité, retenu. Aujourd'hui je m'en souviens encore.
15 Croyez bien que jamais poème n'a été aussi bien su. Il y allait de notre survie*. Nous avons dû en outre apprendre par cœur :
– Premièrement, la carte de la lune.
– Deuxièmement, la carte du ciel vu de la lune, avec tous les points de repère.
20 – Troisièmement, le plan de la navette spatiale.

En classe, nous ne faisions plus rien, je veux dire du point de vue orthographe, histoire et autres choses dont on se demande habituellement à quoi elles servent. (J'ai appris par la suite à quoi elles servaient réellement.)
25 La veille du grand départ, notre groupe n'avait plus rien d'une classe d'écoliers. Une horde* d'adultes inconnus composée de journalistes, de techniciens nous accompagnait partout. La salle de cours était un chantier. Chacun courait sans savoir où.

cri unanime : cri de tous les élèves sans exception.

il y allait de notre survie : notre vie en dépendait.

une horde : un groupe de gens indisciplinés.

Le chemin des écoliers 49

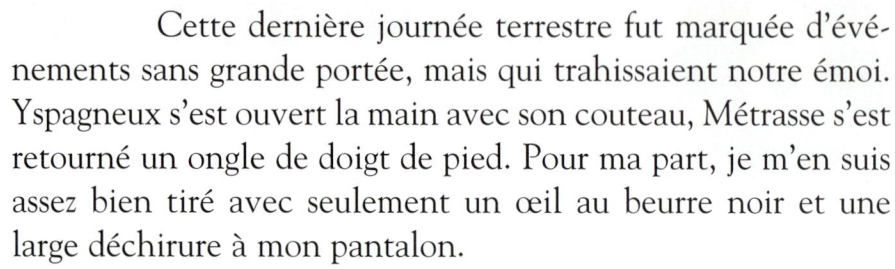

Cette dernière journée terrestre fut marquée d'événements sans grande portée, mais qui trahissaient notre émoi.
Yspagneux s'est ouvert la main avec son couteau, Métrasse s'est
retourné un ongle de doigt de pied. Pour ma part, je m'en suis
assez bien tiré avec seulement un œil au beurre noir et une
large déchirure à mon pantalon.

Enfin, ce fut le 27 mars. Le départ était fixé à 21 h 30
devant l'école. Je trépignais*.
A neuf heures, après un repas léger, mon père s'est saisi des
deux valises, ma mère a pris ma petite sœur par la main tandis
que je faisais mes adieux à ma grand-mère. Elle m'a regardé partir, accoudée à la fenêtre de notre rez-de-chaussée, persuadée
que nous ne nous reverrions jamais.

D'après François Sautereau
Classe de lune, Rageot-Éditeur, 1988.

trépigner : manifester son impatience, sa joie ou sa colère en tapant des pieds.

Le voyage se déroule dans les meilleures conditions et la navette spatiale se pose sur le sol lunaire. Mais la lune réserve bien des surprises aux petits astronautes en herbe. Tu les découvriras en lisant Classe de lune.

Bonnes questions !

1. Les enfants observent un silence pesant, un peu angoissant. Sais-tu pourquoi ?
2. Pourquoi les enfants ont-ils parfaitement appris les instructions ?
3. Crois-tu que vraiment, en classe, les enfants ne font plus rien ?
4. Pourquoi y a-t-il une telle animation dans la salle de classe la veille du départ ?
5. Aimerais-tu participer à une classe de lune ? Dis pourquoi.

50   **Le chemin des écoliers**

LA PETITE LIBRAIRIE

Drôles d'anniversaires★
Dian Curtis Regan,
Collection Cascade
Rageot-Éditeur, 1993.

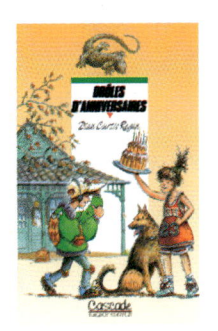

Dans la classe de Mademoiselle Kelly, tous les élèves sont nés pendant les mois d'été : on ne peut jamais célébrer les anniversaires à l'école. Dans la classe voisine, c'est la fête chaque semaine : on joue, on mange bonbons et gâteaux et on chante à tue-tête. Grâce à «la boîte aux idées» Lorraine va tenter de changer les choses !

Un fantôme en classe verte★★
Sandrine Pernusch,
Collection Cascade
Rageot-Éditeur, 1994.

Partir en classe verte, quelle expérience enrichissante pour Alice, son amie Mandarine et leurs camarades ! Les deux amies rêvent d'aventures, et c'est bien ce qui les attend ! Elles vont aussi découvrir la Corrèze, les plaisirs de l'équitation et la vie en collectivité.

Opération caleçon au CE2★★
Catherine Missonnier,
Collection Cascade
Rageot-Éditeur, 1990.

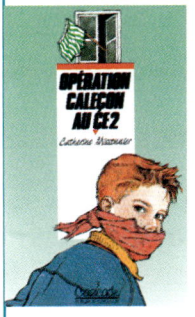

Les mêmes enfants, la même école que dans *Superman contre CE2*. Cette fois, les voilà partagés entre la préparation d'un opéra pour la fête de fin d'année et une mystérieuse histoire de kidnapping. Nos amis sont prêts à exercer leurs talents de détectives et nous voilà encore tenus en haleine !

A l'encre violette : un siècle de vie quotidienne à la communale★★★
Clive Lamming,
éd. Atlas, 1990.

La communale, c'est l'école que tes grands-parents et surtout tes arrière-grands-parents ont connue. Ils écrivaient à la plume et à l'encre violette. Un bel album avec des photos pour savoir comment était l'école autrefois. Un superbe ouvrage documentaire.

Bravo Tristan★
Marie-Aude Murail,
Kid pocket, Pocket 1993.

Tristan, Jujube, Patrick, Nathalie et toute une bande de copains t'invitent à partager leur vie d'écoliers. En leur joyeuse compagnie, tu retrouveras tout le petit monde de l'école, les jeux, les disputes, les farces, les amitiés et les amours des cours de récréation.

Petit Féroce va à l'école★★
Paul Thiès,
Collection Cascade
Rageot-Éditeur, 1993.

Connais-tu Petit Féroce, le petit garçon de la préhistoire ? Ici, ses parents, furieux de ses bêtises, décident de l'envoyer à l'école. Bien sûr, l'école de la Préhistoire n'a rien à voir avec la nôtre. L'écriture n'existe pas et les joyeux «galopitres» reçoivent des leçons de magie, de combat, de chasse...

Le chemin des écoliers 51

atelier

Vocabulaire sens propre et sens figuré

- Le cuisinier **goûte** la sauce : **sens propre**
- Quand vous aurez vraiment **goûté** aux livres, vous ne pourrez plus vous en passer : **sens figuré**

■ Dans les phrases suivantes, précise à chaque fois si le verbe est employé au sens propre ou au sens figuré.

a. Dans la cheminée **brûlent** de grosses bûches.
b. L'automobiliste pressé a **brûlé** un feu rouge.
c. Jean **brûle** d'envie d'aller au cirque.

a. J'ai **dévoré** ce roman en deux jours.
b. John **dévore** des yeux les baskets de Laure.
c. Lucie **dévore** son goûter à belles dents.

a. C'est en mathématiques que ma sœur **brille** le plus.
b. Le soleil **brille** dans le ciel.
c. Les yeux de Gaspard **brillent** de joie.

a. Les pluies ont été si abondantes que la rivière **a débordé**.
b. Tu as mis trop d'eau dans la casserole, elle **déborde**.
c. Les enfants **débordent** de joie devant le sapin de Noël.

Le **sens propre** est le premier sens d'un mot. Le **sens figuré** est un autre sens du même mot, qui repose sur une image ou une comparaison.

Le dictionnaire l'alphabet

1 Écris les deux lettres qui précèdent et les deux lettres qui suivent :
• • M • • , • • W • • , • • T • • , • • F • •

2 Classe les enfants suivants par ordre alphabétique. Commence par classer les filles, puis les garçons, enfin les garçons et les filles ensemble.

Marianne • Carole • Julien • Alain • Émilie
Bertrand • Lucie • Simon • Olivier • Fabienne

atelier

Expression écrite la ponctuation

1 Après avoir lu les phrases suivantes, recopie-les en mettant la ponctuation qui convient.

a. Ce matin en calcul nous avons appris à faire les divisions

b. Quel joli petit village

c. D'une voix sévère la maîtresse dit à Pierre Comme tu écris mal

d. As-tu fait tes devoirs demande maman à Julie

Jean dit : Paul est un âne.   Jean, dit Paul, est un âne.

2 Les phrases ci-dessous sont écrites deux fois. Comme «Monsieur», lis-les à haute voix de deux manières différentes, puis mets la ponctuation.

a. Lucie propose Cécile allons jouer au jardin

   Lucie propose Cécile allons jouer au jardin

b. J'arriverai demain s'il fait beau nous irons à la piscine

   J'arriverai demain s'il fait beau nous irons à la piscine

c. Hélène dit Marie tais-toi

   Hélène dit Marie tais-toi

3 Timothée rêve qu'il est cosmonaute. Dans le texte suivant, remplace les carrés par les signes de ponctuation qui conviennent.

Base ☐ Base 4 à Aéro 16 ☐ me recevez-vous ☐

Timothée ☐ Aéro 16 à Base 4 ☐ nous vous recevons 4 sur 5 ☐

Base ☐ Base 4 à Aéro 16 ☐ Impossible d'intervenir sur la Terre ☐ informations insuffisantes ☐ Effectuer vérifications batteries extérieures puis recomposer sur ☐ ☐

Des craquements parasites brouillent le message ☐ *Timothée se précipite* ☐ *bascule les clefs chromées* ☐ *tourne en tous sens les potentiomètres* ☐ *en vain* ☐ *La lampe témoin de la radio s'éteint à son tour* ☐

Le chemin des écoliers

Dans ce chapitre, tu liras les histoires suivantes…

1 *Une bonne nouvelle [1]*

Robert Lawson……….. page 58

2 *Une bonne nouvelle [2]*

Robert Lawson……….. page 61

3 *« Bonjour, Madame Coccinelle »*

Images doc……….. page 64

4 *Pourquoi les chouettes font « hou… hou… hou… »*

Claude Clément……. page 66

Histoires de bêtes

Poésie	56
Lectures	58 à 74
Lire pour en savoir plus : Les animaux «mal-aimés»	68
La petite librairie	75
Atelier	76

- Vocabulaire : autour du mot «sommeil»
- Le dictionnaire : l'alphabet
- Expression écrite : la forme interrogative

5 *Un vilain petit loup [1]*

Nicole Vidal...... page 70

6 *Un vilain petit loup [2]*

Nicole Vidal...... page 72

Poésie

La grenouille bleue

Nous vous en prions à genoux,
bon forestier, dites-nous le !
à quoi reconnaît-on chez vous
la fameuse grenouille bleue ?

à ce que les autres sont vertes ?
à ce qu'elle est pesante ? alerte ?
à ce qu'elle fuit les canards ?
ou se balance aux nénuphars ?

à ce que sa voix est perlée ?
à ce qu'elle porte une houppe ?
à ce qu'elle rêve par troupe ?
en ménage ? ou bien isolée ?

Ayant réfléchi très longtemps
et reluquant un vague étang,
le bonhomme nous dit : eh mais,
à ce qu'on ne la voit jamais !

Tu mentais, forestier. Aussi ma joie éclate !
Ce matin je l'ai vue ! un vrai saphir à pattes.
Complice du beau temps, amante du ciel pur,
elle était verte, mais réfléchissait l'azur.

Paul Fort, *Ballades françaises*
© Flammarion, 1963.

Les animaux ont des ennuis

Le pauvre crocodile n'a pas de C
cédille
On a mouillé les L de la
pauvre grenouille
Le poisson scie
A des soucis
Le poisson sole
Ça le désole.

Mais tous les oiseaux ont des ailes
Même le vieil oiseau bleu
Même la grenouille verte
Elle a deux L avant l'E. […]

Laissez les oiseaux à leur mère
Laissez les ruisseaux dans leur lit
Laissez les étoiles de mer
Sortir si ça leur plaît la nuit
Laissez les p'tits enfants briser
leur tirelire
Laissez passer le café si ça lui fait
plaisir.

Jacques Prévert, *Histoires*
© Gallimard, 1963.

Histoires de bêtes

Poésie

Le Moqueur moqué

Un escargot
se croyant beau, se croyant gros,
se moquait d'une coccinelle.
Elle était mince, elle était frêle !
Vraiment, avait-on jamais vu
un insecte aussi menu !
Vint à passer une hirondelle
qui s'esbaudit du limaçon.
– Quel brimborion !
s'écria-t-elle,
C'est le plus maigre du canton !
Vint à passer un caneton.
– Cette hirondelle est minuscule,
voyez sa taille ridicule !
dit-il d'un ton méprisant.
Or, un faisan
aperçut le canard et secoua la tête :
– Quelle est cette minime bête ?
au corps si drôlement bâti ?
On n'a jamais vu plus petit !
Un aigle qui planait, leur jeta ces paroles :
– Êtes-vous fous ? Êtes-vous folles ?
Qui se moque du précédent
sera moqué par le suivant.
Celui qui d'un autre se moque
à propos de son bec, à propos de sa coque,
de sa taille ou de son caquet,
risque à son tour d'être moqué.

Pierre Gamarra, *La Mandarine et le Mandarin*
1970.

Le petit lapin

Dans le pré qui vers l'eau dévale,
Un lapin sauvage détale.
Un saut bref, un rapide élan,
Et montrant son panache blanc,
Il fuit vers la forêt prochaine.
Une touffe de marjolaine
L'arrête un peu. Faisant le guet,
Il entr'ouvre un œil inquiet,
Et, seule, son oreille bouge !
Un bond brusque dans le foin rouge.
Et, n'entendant plus aucun bruit,
Le nez au vent, humant la nuit
Où déjà la lune se lève,
Assis sur son derrière, il rêve.

Jeanne Marvig, *Le jardin d'Isabelou*
© Diderot, 1947.

Histoires de bêtes

1 Une bonne nouvelle [1]

Une maison abandonnée, des champs en friche*, une grange vide, un jardin envahi par les mauvaises herbes, voilà l'état dans lequel se trouve un grand domaine.

en friche : non cultivés.

Les seuls habitants des lieux : lapins, taupes, marmottes, écureuils, souris, daims sont menacés de famine. Privés de la compagnie des hommes, ils dépérissent et s'ennuient. Mais un jour, une bonne nouvelle se propage…

5   Installée sur la pelouse, Porkey la marmotte cherchait à saisir quelques brins d'herbe pour calmer sa faim. Sa fourrure paraissait mangée aux vers et, mon Dieu, qu'elle était maigre ! Quelle différence avec la grosse Porkey dandinante qui, à l'automne dernier, s'était glissée dans son terrier pour y dormir tout l'hiver. A présent, elle s'efforçait de

58 Histoires de bêtes

du mouron : petite plante mauvaise pour les animaux.

grommeler : parler à voix basse et entre ses dents.

j'ai eu vent de certaines rumeurs : j'ai entendu certaines nouvelles.

la venue éventuelle : la venue possible.

des on-dit : des rumeurs que l'on rapporte.

rattraper le temps perdu. Après chaque bouchée, elle levait la tête, regardait autour d'elle, ronchonnait et avalait une autre bouchée.

«Regardez-moi cette pelouse, vraiment, regardez-moi ça – glup, glup – pas un seul brin de trèfle, du chiendent, du mouron* à perte de vue – glup, glup – il serait temps que de Nouveaux Locataires arrivent – glup, glup – grand temps !»

Elle fit une pause et s'assit pendant que Papa Lapin venait aimablement la saluer.

«Bonsoir Porkey, bonsoir ! Quel plaisir de vous revoir ! J'espère que vous avez passé un agréable hiver et que ce beau printemps vous trouve en excellente forme.

– Pas trop mal, grommela* Porkey. Pour ce qui est de la santé, ça va, je suppose ; mais je suis maigre à faire peur et comment bougre peut-on engraisser ici avec ce gâchis ?

Elle continua à discourir d'un ton dégoûté sur les champs étouffés de mauvaises graines, les pelouses massacrées.

«Justement, dit Papa Lapin, je désirais vous consulter à ce propos. J'ai eu vent de certaines rumeurs* concernant la venue éventuelle* de Nouveaux Locataires et je voudrais savoir si vous avez quelques données précises là-dessus. Possède-t-on des preuves de cette arrivée, précieuse pour tout le voisinage, ou bien s'agit-il de on-dit* ?

– On-dit, on-dit, reprit Porkey, peu convaincue.

Elle se gratta l'oreille avec application.

Eh bien, voilà ! Je vais vous dire. J'ai appris qu'il y a deux ou trois jours, le type de l'agence est venu à la Maison avec un couple, et qu'ils avaient tout visité, dedans, dehors. De même Bill, le menuisier, serait monté hier pour examiner toit, hangar et poulailler, et il aurait fait des calculs sur un bout de papier. Enfin, on m'a rapporté qu'aujourd'hui-même, Louis, le maçon, était apparu par ici. Après avoir cogné, sondé les vieux murs de pierre et les escaliers délabrés, il a griffonné des chiffres, lui aussi. Mais il y a mieux encore. Écoutez …

Histoires de bêtes

Se penchant, elle frappa le sol de sa patte.

50 Voilà qui est important. J'ai entendu dire que Tim – vous savez, le bonhomme qui cultive et laboure la terre – eh bien ! il serait venu cet après-midi-même pour voir le jardin, la pelouse et le champ ; lui aussi il alignait des chiffres. Maintenant, qu'est-ce que vous en pensez ?

55 – Ma foi, répondit Papa Lapin, je pense que tout cela s'annonce bien. Sans aucun doute, des Nouveaux vont arriver, et tout donne à penser qu'il s'agit de cultivateurs. Voilà qui nous arrangerait bien par ici.»

(à suivre)

Bonnes questions !

1. Où se passe la scène ? Donne quelques précisions sur ce lieu.
2. Quels sont les animaux présents ?
3. De quoi se plaint Porkey la marmotte ? Que souhaite-t-elle ?
4. Qui est le "type de l'agence" ?
5. De quels chiffres, de quels calculs s'agit-il ?

2 Une bonne nouvelle [2]

Willie, la souris des champs, galopa jusqu'à l'entrée de la taupinière* et siffla.

«Taupe, cria-t-elle, Taupe, viens ! Il y a des nouvelles !
La taupe sortit la tête et les épaules du sol, tourna ses petits yeux aveugles vers Willie et, pointant son museau tremblant, dit :
– C'est bon, Willie, c'est bon, pourquoi cette agitation ? Qu'y a-t-il de nouveau ?
– Pour du nouveau, c'est du nouveau, lui répondit Willie encore tout essoufflée. Oh ! Taupe, tout le monde en parle. Des Gens Nouveaux vont arriver, Taupe, dans la Grande Maison, des Nouveaux Locataires. Tout le monde dit qu'ils cultiveront la terre. Peut-être qu'il y aura enfin du grain dans le hangar, du blé et des graines à volaille. Il en tombera dans les trous, et, l'hiver, nous en mangerons comme en plein été. Le cellier* sera chauffé et si nous installons nos terriers contre les murs, nous aurons chaud et nous serons à l'aise. Peut-être planteront-ils des tulipes, Taupe, et des scilles*, et des crocus*. Oh ! que ne ferais-je pas pour avoir, tout de suite un joli et croustillant oignon de tulipe !
– Oh ! le coup des oignons, je le connais, ronchonna la Taupe. C'est moi qui creuse et toi, bien gentiment, tu suis le trou et manges l'oignon. Pour toi c'est parfait, mais moi qu'est-ce que j'y gagne ? Des réprimandes, voilà ce que j'y gagne !

---

une taupinière : un tas de terre rejetée par la taupe quand elle creuse ses galeries.

cellier : pièce dans laquelle on conserve des provisions.

des scilles, des crocus : plantes à bulbe comme l'oignon, la jacinthe ou la tulipe.

Histoires de bêtes

— Mais, Taupe, dit Willie blessée, Taupe, ce n'est pas gentil de votre part, ce n'est pas gentil. Vous saviez fort bien que là-dessus nous étions très fermes, toujours moitié-moitié. Vraiment, Taupe, vous m'étonnez ! »

Elle renifla doucement. Madame Taupe éclata de rire et envoya un bon coup de sa large et solide patte dans le dos de la souris.

« Allons, allons, dit-elle, il ne faut pas être si susceptible*, je plaisantais, voilà tout. Comment me passerais-je de toi pour connaître les événements et même voir les choses ? Qu'est-ce que je dis quand je veux voir les choses ?

Willie ravala ses sanglots.

— Vous dites : "Willie, prête-moi tes yeux".

— Eh oui, c'est cela, reprit chaleureusement la Taupe. Tu me dis exactement à quoi ressemblent les choses, leur taille, leur couleur. Tu t'acquittes de cela* à merveille, et personne ne le ferait mieux.

— Et je vous préviens quand on a mis des pièges à taupes ou du poison, n'est-ce pas ? Quand on va tondre la pelouse aussi, mais ça, il y a longtemps que ce n'est pas arrivé.

— C'est exact, répondit la Taupe. Maintenant, mouche-toi et va-t-en. Il faut encore que je cherche mon dîner et, par ces temps, les vers blancs sont rares. »

Là-dessus, elle plongea dans son trou.

Tandis que s'activaient dans le jardin ouvriers et jardiniers, les petits animaux, impatients et inquiets, attendaient l'arrivée des Gens

être susceptible : se vexer facilement.

s'acquitter de quelque chose : ici, faire quelque chose.

Histoires de bêtes

Nouveaux. N'allaient-ils pas protéger leurs cultures au moyen de pièges, filets, poisons ?

Un matin, ô merveille, ils découvrirent une splendide pièce d'eau potable. A chacune de ses extrémités, se trouvaient des rigoles peu profondes où les oiseaux pouvaient se baigner. Elle était entourée de larges pierres formant une plate-forme.

Willie, la souris des champs, s'extasia :

« Oh ! Taupe, là-dessus je vois tout un tas de nourriture comme pour un banquet. Et sur les pierres, des lettres, des mots sont gravés.

– Et que dit cette inscription, Willie ?

– C'est écrit : il - y - en - a - assez - pour - tout - le - monde. Il y en a assez pour tout le monde, Taupe. Je vois des grains de riz, de maïs, de blé, pour nous ; un gros pain de sel pour Daim Fauve, des légumes, toutes sortes de légumes, du trèfle, du pâturin*, du blé noir, des noix pour les écureuils. »

D'après Robert Lawson, *La colline aux garennes*
© Selection Reader's Digest, 1968.

du pâturin : plante des prairies utilisée comme fourrage.

C'est ainsi que l'ancien jardin abandonné devint un véritable paradis des animaux. Ceux-ci ne se montrèrent pas ingrats : jamais ils ne s'attaquèrent aux plantations du potager.

Bonnes questions !

1. Quels animaux entrent maintenant en scène ?
2. Quelle grande nouvelle apporte Willie la souris ? Cette nouvelle est-elle réjouissante ? Pourquoi ?
3. Quels services se rendent mutuellement Madame Taupe et Willie la souris ?
4. Quels détails montrent que la souris est plus jeune que la taupe ?
5. Recherche dans l'ensemble des deux textes des majuscules inhabituelles ? Peux-tu les justifier ?

Histoires de bêtes

3 « Bonjour, Madame Coccinelle »

– Qui êtes-vous, Madame Coccinelle ?

– Je suis un insecte ! D'abord je n'ai pas de colonne vertébrale. On dit que je suis un invertébré ! Mon squelette est à l'extérieur comme une armure.

5 – Vous avez de bien petites pattes !
– Vous avez remarqué ! Elles sont articulées. Chacune est faite en quatre parties. Cela permet de me classer dans le groupe des arthropodes.

– Et combien de pattes avez-vous ?
10 – Six, bien sûr, comme tous les insectes ! Le meilleur moyen de repérer si une petite bête est bien un insecte, c'est de compter ses pattes. Tous les insectes ont trois paires de pattes.

– Alors toutes les petites bêtes sont des insectes ?
– Pas du tout ! Regardez l'araignée : elle a des pattes articulées,
15 mais ce n'est pas un insecte ! Un insecte a le corps divisé en trois parties. Celui de l'araignée a deux parties. Et puis, elle a huit pattes.

– Tous les insectes ont-ils des ailes ?
– Non ! Regardez les femelles Collemboles* cachées sous les
20 pierres. Elles n'ont pas d'ailes. Il y a longtemps, certains insectes ont perdu leurs ailes comme les poux et les puces.

– Où sont vos ailes Madame Coccinelle ?
– Mais elles sont là, rouges et brillantes avec des points noirs. Ce sont des élytres, deux ailes de protection, très dures. Elles
25 sont repliées sur une autre paire d'ailes qui me servent à voler.

– Et que mangez-vous, Madame Coccinelle ?
– Surtout des pucerons. Je peux en avaler jusqu'à deux cents par jour.

– Comment chassez-vous ?
30 – Je vole d'herbe en herbe. Je repère les pucerons à l'odeur du

Collemboles : petits insectes qui vivent sous les pierres ou dans des endroits sombres et frais.

Histoires de bêtes

liquide collant qu'ils sécrètent. J'atterris, je replie mes élytres et je commence à chasser. Je n'ai jamais appris à chasser, je savais le faire en naissant.

— **Vous êtes une terrible carnassière !**

— Eh oui ! Je capture mes proies vivantes. Je les mords avec mes mandibules* et j'injecte de la salive dans la blessure. La proie est réduite en bouillie. Je n'ai plus qu'à avaler, tout est digéré.

— **Il paraît que vous êtes très utile !**

— C'est vrai ! Certains agriculteurs ont créé des élevages de coccinelles pour lutter contre les invasions de pucerons. Cela s'appelle la lutte biologique.

— **Pourquoi veut-on éliminer tous les pucerons ?**

— Parce que les pucerons font mourir les plantes en se nourrissant de leur sève. Ils rejettent un liquide collant, le miellat, qui empêche la plante de respirer.

— **Et les coccinelles, ne vont-elles pas pulluler* à leur tour ?**

— Vous ne le savez pas ? Les coccinelles sont elles-mêmes la proie de nombreux oiseaux, de petits rongeurs, d'araignées et même de fourmis.

D'après *Image Doc*
Bayard-Presse Jeune, 1991.

mandibules : mâchoires.

pulluler : devenir trop nombreux.

Vrai ou faux ?

1. Les invertébrés n'ont pas de squelette.
2. La coccinelle a deux paires d'ailes.
3. La coccinelle est un insecte nuisible.
4. Tous les insectes ont six pattes.
5. Tous les insectes ont des ailes.
6. L'araignée est un insecte.

Histoires de bêtes

4 Pourquoi les chouettes font «hou... hou... hou...»

De nos jours, la forêt est un endroit paisible, plein de jolis chants d'oiseaux. Mais autrefois, il y a vraiment très longtemps, il en était tout autrement !

Les oiseaux chantaient n'importe quoi et n'importe comment. Le rossignol croassait «Croa... Croa...» au risque de se casser la voix. L'aigle criait "Coucou" en s'égosillant* comme un fou. La pie se mettait à gazouiller, le corbeau à siffler, le pigeon à pépier et le moineau à roucouler. Ils faisaient un vacarme* si épouvantable que les lapins, les sangliers et les biches s'étaient enfoncé de gros bonnets sur les oreilles afin de ne plus les entendre. Mais ça ne suffisait pas !

L'ours qui régnait en maître sur la forêt, était très contrarié. D'autant plus qu'il aimait bien faire sa petite sieste après le déjeuner et que ces cris désordonnés l'empêchaient de bien sommeiller. Aussi, un jour, décida-t-il de rassembler les oiseaux dans une grande clairière*. Tous, sauf la petite chouette car elle ne s'éveillait que le soir et dormait toute la journée. L'ours déclara :
«Je serai bref. Vous voyez ce tonneau ? Il est plein de chants d'oiseaux. Il y en a pour chacun d'entre vous. Choisissez bien celui qui vous appartiendra, car vous le garderez toute votre vie. Vous ne pourrez plus en changer et il vous faudra l'enseigner à vos enfants et à vos petits-enfants.»

Les oiseaux se précipitèrent sur le tonneau et en retirèrent les chants les uns après les autres. Ils se disputèrent bien un petit peu, mais ils finirent par se mettre d'accord et par avoir chacun le leur.

Quand la petite chouette s'éveilla, elle aperçut le tonneau vide auprès duquel l'ours lisait paisiblement son journal, car il n'avait pas encore sommeil. Elle demanda :

s'égosiller : crier fort et longtemps.

vacarme : bruit étourdissant.

clairière : endroit d'une forêt où il n'y a pas d'arbres.

Histoires de bêtes

«Qu'est-ce que c'est que ce tonneau-là ?
L'ours le lui expliqua et la petite chouette s'écria :
30 – Et moi ? Je n'aurai donc rien à chanter ?
L'ours réfléchit et finit par lui conseiller :
– Tu devrais aller au village qui se trouve de l'autre côté de notre grande forêt. J'ai entendu dire que les gens y font une fête. Ils
35 dansent et chantent des chansonnettes. Peut-être t'en apprendront-ils une ?»

La petite chouette trouva l'idée excellente. Elle vola longtemps à travers la forêt. Quand elle atteignit enfin le village, les douze coups de minuit avaient déjà sonné. Tout était plongé dans l'obscurité. Il ne restait plus qu'une petite chaumière allumée. Dedans, les chandelles étaient presque brûlées et le feu de la cheminée achevait de se consumer. Les gens étaient si fatigués d'avoir chanté et dansé qu'ils étaient tous endormis. Des femmes s'étaient assoupies en berçant leurs enfants sur leurs genoux. Les musiciens ronflaient sur un banc. Dans un coin, pourtant, un petit garçon promenait encore en rêvant son archet sur son instrument. C'était une immense contrebasse, deux fois grande comme lui et d'où s'élevait un étrange bruit : «Hou… Hou… Hou…».
«C'est la seule chanson qu'il me reste ! soupira la petite chouette. Elle n'est pas bien jolie, mais ce ne sera pas difficile.»

D'après Claude Clément
Milan Presse, *Toboggan*, février 1987.

Bonnes questions !

1. Pourquoi l'ours est-il contrarié ? Que décide-t-il ?
2. Pourquoi la petite chouette n'a-t-elle pu choisir son chant ?
3. Quel conseil l'ours lui donne-t-il ?
4. De quel instrument joue le garçon ?
5. Que décide alors la petite chouette ?

Histoires de bêtes

lire pour en savoir plus

Galerie de portraits des «mal-aimés»

Les hommes s'acharnent sur les animaux dits "nuisibles", cependant la plupart de ces "maudits" contribuent à l'équilibre de la nature.
Ainsi, le merle picore les fruits mais détruit quantités d'insectes et de chenilles qui dévorent les bourgeons floraux. Sans lui, la récolte des cerises, pêches, poires, pommes… serait très compromise.
Voici quelques animaux réputés nuisibles et pourtant…

Elle détruit une grande quantité de rongeurs.

Elle peut se faufiler dans les trous des souris.

Il détruit les larves des hannetons.

Il détruit plus de six mille souris par an.

Elle détruit des milliers de larves d'insectes.

Il détruit les limaces et les vipères.

• Consulte le tableau page 69 pour trouver le nom des animaux ci-dessus.

Histoires de bêtes

lire pour en savoir plus

Dans la nature, il n'existe aucun animal nuisible qui n'ait, en même temps, un ou plusieurs côtés utiles.

Le hérisson	Il s'offre des œufs de perdrix et de faisans, et quelques poussins.	Il mange insectes, limaces, mulots et campagnols et détruit les vipères.
La belette	Elle tue quelques levrauts et poussins de cailles.	C'est le plus petit carnivore d'Europe. Elle pénètre dans les galeries de souris et campagnols et les égorge.
Le blaireau	Il dévore les jeunes lapins de garenne.	Il détruit des nids de guêpes, des souris et des larves de hannetons.
La fouine	Elle saigne les poules (mais ne les mange pas) et gobe leurs œufs.	Elle se nourrit d'une grande quantité de rongeurs dont elle boit le sang.
La taupe	Elle coupe les racines en creusant ses galeries. Ses taupinières abîment les jardins et les pelouses.	Elle détruit des milliers d'insectes, de larves et parfois des campagnols.
Le renard	Il s'aventure parfois dans les poulaillers où il dévore les volailles.	Il mange plus de six mille souris par an et quantités d'animaux malades.

1. Dans ce tableau, retrouve les animaux qui détruisent un grand nombre de rongeurs.
2. Pour quelle raison valable peut-on chasser le renard ?
3. Quel est le plus petit carnivore d'Europe ?
4. Comment s'appellent les petits tas de terre qui abîment les pelouses ? Pourquoi ?
5. Que dirais-tu pour prendre la défense de ces "mal-aimés" des hommes ?

Histoires de bêtes

5   Un vilain petit loup [1]

Il y a bien longtemps, vivait en Inde une famille de loups gris. Elle était composée du grand-père loup, de tante louve, de père et de mère loups.

Or, mère louve attendait des petits pour la pleine lune.
«J'espère que ce seront de beaux enfants ! dit père loup avec un rien d'inquiétude en contemplant le ciel depuis l'entrée de la caverne où il avait installé les siens.
– Sache que dans la famille, nous n'avons jamais mis au monde que de magnifiques loups gris, dit tante louve d'un air assuré.
– Oui, sans doute, dit grand-père loup, cependant, pense au vieux sage que tu as dévoré l'an dernier. Le dieu Brahma* n'aime pas qu'on lui mange ses saints.»

Sur ces entrefaites, la pleine lune se leva au-dessus des grands banians* sauvages et mère louve mit bas*.
«Un, deux, trois petits loups gris, compta tante louve.
– Et en voilà un quatrième, mais il me semble bien rachitique* !
– Qu'il est vilain ! Et il n'est même pas gris ! s'écria le père loup.
– Pense au vieux sage que tu as dévoré l'an dernier, dit grand-père loup.
– Il est on ne peut plus laid, décréta mère louve en le repoussant d'un coup de patte, avant de donner ses mamelles à ses trois autres petits.
– Oui, il est complètement raté, gronda tante louve, dégoûtée. Qu'il attende son tour !»

Et, durant son enfance, Petit-loup-raté attendit son tour : il eut toujours ce qui restait du lait de sa mère, et ce qui restait des chasses de son père, et ce qui restait de place dans la caverne familiale.
Le fait est qu'il n'était pas beau à voir : court sur ses pattes toujours un peu pliées dans l'attente de bondir si on faisait mine de le chasser, l'œil inquiet, le poil hirsute*, la queue basse,

---

Brahma : créateur du monde dans l'une des religions de l'Inde.

banian : figuier de l'Inde.

mettre bas : mettre des petits au monde (pour les animaux).

rachitique : très maigre.

le poil hirsute : raide et ébouriffé.

Histoires de bêtes

30 l'oreille couchée, il donnait une impression de crainte maladive. Personne ne se souciait de lui, tout le monde le rudoyait, le méprisait, le repoussait, l'insultait même !

Lorsqu'il se trouva en âge de subvenir à ses propres besoins, sa faible constitution ne lui permit jamais de se nour-
35 rir de chair fraîchement tuée, comme le faisaient ses frères gris. Son seul ami était un vieux perroquet qu'il avait sauvé un jour des anneaux d'un serpent. Certes, il l'avait sauvé dans l'intention de le manger lui-même, mais, devant sa maigreur déplumée, il s'était senti rempli de pitié.

Depuis lors, bien souvent, quand Petit-loup-raté avait le cœur triste, le vieil oiseau le consolait en lui racontant des histoires. Il avait beaucoup voyagé, il avait même vécu chez les hommes où il avait appris à parler. Mais, en prenant de l'âge, il avait perdu la mémoire et ne se souvenait plus que d'un seul mot : «Chacal», que d'ailleurs il employait à tout propos pour paraître savant.
«Mais qu'est-ce que ce mot veut dire ? lui demanda un jour Petit-loup-raté.
– Euh… Eh bien… beaucoup de choses, répondit le perroquet pris au dépourvu. C'est un maître-mot. Qui le possède possède la science.»

(à suivre)

Bonnes questions !

1. Que craint le grand-père loup ? Pourquoi ?

2. Relève la phrase qui montre le mieux l'injustice dont Petit-loup-raté est victime durant son enfance. Quelle expression est volontairement répétée ?

3. Relève les détails qui indiquent que Petit-loup-raté est vraiment laid.

4. De quel beau geste a-t-il été capable à l'égard du perroquet ?

5. En quoi sa vie en fut-elle changée ?

6 Un vilain petit loup [2]

Le temps vint pour Petit-loup-raté de fonder une famille. Il se mit en quête d'une vilaine petite louve comme lui, car il se doutait bien de l'accueil que lui réserveraient les autres. Il n'en trouva point...

Une nuit qu'il chassait, il rencontra une chienne que son maître était allé perdre en forêt pour s'en débarrasser. Seule dans la jungle hostile*, la pauvrette tremblait de tous ses membres.
«Ne me fais pas de mal !» s'écria-t-elle en apercevant les yeux
5 jaunes de Petit-loup-raté qui luisaient d'appétit.
Petit-loup-raté fut surpris. C'était bien la première fois qu'un si gros gibier manifestait de la peur devant sa chétive personne.

Tout à coup, un loup gris fit irruption* dans la clairière…
10 «J'espère que tu ne me disputeras pas ma proie, s'écria-t-il, n'oublie pas que tu es si laid que tu dois attendre ton tour !»
Petit-loup-raté eut pitié de la pauvre chienne terrorisée. Il décida de la défendre, mais sachant qu'il n'avait aucune chance de vaincre son frère loup par la force, il utilisa la ruse.

hostile : pleine de dangers.

faire irruption : arriver brusquement.

Histoires de bêtes

«Voyons, mon frère, t'ai-je jamais disputé une proie ? Pourquoi le ferais-je maintenant alors que ce gibier n'est qu'un paquet d'os ? Pourtant, cette fois, je me battrai contre toi jusqu'à la mort car je t'admire trop pour te laisser faire une bêtise. Lorsque j'ai voulu dévorer ce paquet d'os, il s'est écrié : «Ne me touche pas, je porte la bénédiction de Brahma !» Crois-moi, mange-la si tu veux, mais après m'être passé sur le corps ! Je serais trop chagrin que ta compagne grise mette au monde un petit loup aussi raté que moi !»

Convaincu, le loup gris s'enfonça dans la jungle à la recherche d'un gibier plus gras.
«Va, tu es sauvée, dit Petit-loup-raté.
La chienne émit alors un jappement doux.
– Comment ? Que dis-tu ? s'exclama Petit-loup-raté avec étonnement, mais c'est exactement le bruit que je fais quand je veux imiter le maître-mot des hommes ! N'est-ce pas, perroquet ?
– Parfaitement : «Chacal», pour le prononcer comme il faut.
– C'est cela même, dit la chienne. Cela signifie «merci».
Petit-loup-raté prit la chienne pour compagne, tous deux furent bien heureux. Ils eurent quatre petits qui ressemblaient à leur père, mais qui n'eurent pas à attendre leur tour pour téter leur mère.

Lorsqu'à la lune d'hiver, tout le clan des loups gris se réunit afin de présenter les petits de l'année, Petit-loup-raté ne manqua pas de s'y rendre. Hélas ! dès qu'il apparut entouré de sa progéniture*, un hurlement général s'éleva. Blessé dans son amour-propre, Petit-loup-raté se redressa fièrement et dit :
«Je suis venu vous avertir que, désormais, je ne participerai plus à vos réunions, ni moi, ni les miens, car, par la volonté de Brahma, nous sommes devenus une race à part entière. Nous sommes des… euh… des…
Il chercha un moment ce qu'il pouvait être avec ses poils

sa progéniture : ses petits.

Histoires de bêtes

hirsutes, sa queue basse, ses oreilles couchées, ses yeux inquiets, ses pattes toujours pliées, prêtes à fuir, et, ne trouvant pas, il lança le maître-mot :
Nous sommes des Chacals.»

C'est ainsi que naquit la race des Chacals et Brahma, dans sa bonté, approuva. Il prit le Grand Livre de la Création et inscrivit à la page des loups gris : «Chacal : petit loup raté qui signifie *merci* en langue bangadi».

D'après Nicole Vidal, *Un vilain petit loup*
Rageot-Éditeur, 1992.

Bonnes questions !

1. Avec qui Petit-loup-raté espère-t-il pouvoir fonder une famille ?
2. En quelle occasion fait-il encore preuve de pitié ?
3. Trop faible pour vaincre le loup gris, quel moyen Petit-loup-raté utilise-t-il ? Que lui fait-il croire ?
4. Pourrait-on terminer cette histoire par *Tout est bien qui finit bien* ? Pourquoi ?

Histoires de bêtes

LA PETITE LIBRAIRIE

Les carnets de bord★
Hachette.

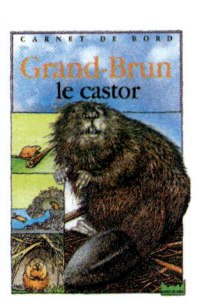

Une collection comptant déjà plus de trente titres. Dans chaque livre, un animal raconte lui-même sa vie et celle de ses semblables. Chaque ouvrage comprend la carte d'identité de l'animal, ses origines, des documents très intéressants, et des jeux en rapport avec l'histoire. Découvre Philomène la Girafe, Arthureau le Baleineau, Flore l'Abeille, Téo le Petit-Loup, Ba Jing le Panda et tant d'autres !

Un poney dans la neige★★
Jane Gardam,
Collection Folio cadet
Gallimard, 1983.

Quelle joie pour Bridget que ce poney offert par sa tante ! Hélas, le petit cheval n'est pas bien accueilli, car, à la montagne, l'herbe rare est réservée aux moutons. Mais, un jour d'hiver, alors que la neige rend toute circulation impossible, le poney fera l'admiration de tous. Comment ?

La maison du bonheur★★
Molly Burkett,
Le Livre de poche jeunesse
Hachette jeunesse, 1989.

Dans leur maison à la campagne, deux enfants et leurs parents recueillent des animaux blessés, perdus ou affamés. Ils ont construit un refuge pour permettre à leurs pensionnaires de reprendre des forces avant de retrouver leur liberté. C'est ainsi qu'une chouette, une belette, une corneille et bien d'autres animaux encore partagent la vie de cette famille «pas comme les autres».

Cela entraîne des situations cocasses, mais aussi quelques problèmes, toujours résolus dans la bonne humeur.

Mon ami l'écureuil★★
Maurice Genevoix,
Hachette Jeunesse, 1988.

Une très belle histoire vraie racontée par un grand écrivain. L'écureuil est un petit animal bien sympathique mais si farouche et vif qu'on ne le connaît guère. Maurice Genevoix et sa petite fille ont eu, pourtant, tout le loisir d'observer celui-ci. Profite de cette étonnante expérience en lisant ce livre attachant.

Une jument extraordinaire★★
Joyce Rockwood,
Collection Castor Poche
Flammarion, 1980.

Un jeune indien Cherokee, désespéré par la disparition de sa jument volée par les guerriers Creeks, décide de partir seul à sa recherche. Il affrontera bien des dangers : il aura peur, il aura faim, il fera des rencontres inquiétantes. Réussira-t-il malgré tout à ramener Minuit, cette jument extraordinaire ?

Histoires de bêtes 75

atelier

Vocabulaire — autour du mot «sommeil»

1 Retrouve les mots qui ont un rapport avec le sommeil dans le texte «Pourquoi les chouettes font hou... hou ... hou...».

Le bruit empêche l'ours de …

La petite chouette sort de son sommeil : elle s' … ou se …

L'ours lit son journal : il n'a pas …

Les gens sont si fatigués qu'ils s' …

Des mamans aussi se sont …

Les musiciens dorment en respirant bruyamment : ils …

Un enfant songe, éveillé encore : il …

2 Écris les verbes que tu as trouvés dans l'exercice 1 à l'infinitif.

3 Quels sont les verbes qui montrent :

– que l'**on ne dort pas encore** ? (2 verbes)
– que l'**on dort vraiment** ? (1 verbe)
– que l'**on dort légèrement** ? (1 verbe)
– que l'**on ne dort plus** ? (2 verbes)

4 Trouve les noms qui correspondent :

L'ours sommeille. Le … de l'ours.

La chouette se réveille. Le … de la chouette.

Les musiciens ronflent. Le … des musiciens.

Ne confonds pas :
le r**é**v**ei**l et il se r**é**v**ei**lle • l'**é**v**ei**l et il s'**é**v**ei**lle • le somm**ei**l et il somm**ei**lle

---

Le dictionnaire — l'alphabet

Si on partage les pages du dictionnaire en trois parties égales, on obtient à peu près :

A B C D E   F G H I J K L M N O   P Q R S T U V W X Y Z
début   *milieu*   *fin*

---

1 Pourquoi y-a-t-il moins de lettres dans la première partie que dans les deux autres ?

2 Recopie la présentation de l'alphabet ci-dessus (début - milieu - fin). Trace des colonnes et place les animaux suivants selon leur initiale.

agneau • fouine • yack • koala • belette • cheval • souris • marmotte • dindon lapin • renard • otarie • tortue • éléphant • panda

Histoires de bêtes

atelier

Expression écrite la forme interrogative

1 Retrouve les différents mots interrogatifs employés dans l'interview de Madame Coccinelle.

– … êtes-vous ?

– … mangez-vous ?

– … chassez-vous ?

– … veut-on éliminer les pucerons ?

– … de pattes avez-vous ?

– … sont vos ailes ?

2 Complète les questions suivantes.

– … vas-tu ? Je vais au bois.

– Comment … ? Nous allons bien.

– … sursautez-vous ? J'ai été surpris.

– Combien de … ? J'en ai encore six.

– … veut ce livre ? Moi !

3 Après la coccinelle, un autre insecte est interviewé. Voici ses réponses. Retrouve les questions qui leur correspondent et écris-les sans oublier la ponctuation. Cherche de quel insecte il s'agit pour compléter le titre.

«Bonjour M. …»

– ………………

– Je ne me nourris que de liquide. Je bois le nectar des fleurs et le miellat des pucerons.

– ………………

– J'aspire le nectar avec ma trompe.

– ………………

– Mes antennes me servent à m'orienter en vol et à repérer les odeurs.

– ………………

– Je peux tenir à l'envers des feuilles ou des fleurs parce que j'ai des crochets au bout de mes pattes.

– ………………

– Je reste souvent immobile au soleil parce que je dois chauffer mes ailes avant de pouvoir m'envoler.

Histoires de bêtes

Dans ce chapitre, tu liras les histoires suivantes…

1 *Le royaume des devinettes* [1]

Évelyne Reberg..................page 82

2 *Le royaume des devinettes* [2]

Évelyne Reberg..................page 86

3 *Dodoche la limace*

Yvon Mauffret..................page 88

4 *Les perles de la pluie* [1]

Joan Aiken..................page 92

Il était une fois

Poésie	80
Lectures	82 à 100
Lire pour en savoir plus : Il était une fois... les contes	91
La petite librairie	101
Atelier	102

- Vocabulaire : les contraires
- Le dictionnaire : le genre des noms
- Expression écrite : la forme négative

5 *Les perles de la pluie* [2]

Joan Aiken............page 94

6 *Macha et l'ours* [1]

Conte russe.............page 97

7 *Macha et l'ours* [2]

Conte russe.............page 99

Poésie

L'aurore en chaperon rose

L'aurore en chaperon rose
brin de lune sur les talons
s'en allait offrir à la ronde
sa galette et ses chansons.
Mais le loup profile son ombre
avalant galette en premier.
Sauve-toi Chaperon rose
car c'est toi qu'il va croquer.

Matin gris matin mouillé

Que cette histoire est décevante
il faudra la recommencer
heureusement la terre est ronde
demain c'est le loup – peut-être –
le loup qui sera mangé.

André Hyvernaud
Éditions de l'Atelier.

Bestiaire du coquillage

Si tu trouves sur la plage
Un très joli coquillage
Compose le numéro
OCÉAN 0.0.

Et l'oreille à l'appareil
La mer te racontera
Dans sa langue des merveilles
Que Papa te traduira.

Claude Roy, *Enfantasques*
Gallimard.

Les Elfes

Couronnés de thym et de marjolaine,
Les Elfes joyeux dansent dans la plaine.
Du sentier des bois aux daims familier,
Sur un noir cheval, sort un chevalier.

Son éperon d'or brille en la nuit brune
Et quand il traverse un rayon de lune,
On voit resplendir d'un reflet changeant,
Sur sa chevelure un casque d'argent.

Leconte de Lisle, *Poèmes barbares*.

80 Il était une fois

La Belle au Bois dormait

La Belle au Bois dormait. Cendrillon sommeillait.
Madame Barbe-Bleue ? elle attendait ses frères ;
Et le Petit Poucet, loin de l'ogre si laid,
Se reposait sur l'herbe en chantant des prières.

L'Oiseau couleur-de-temps planait dans l'air léger
Qui caresse la feuille au sommet des bocages
Très nombreux, tout petits, et rêvant d'ombrager
Semaille, fenaison, et les autres ouvrages.

Les fleurs des champs, les fleurs innombrables des champs,
Plus belles qu'un jardin où l'Homme a mis ses tailles,
Ses coupes et son goût à lui – les fleurs des gens ! –
Flottaient comme un tissu très fin dans l'or des pailles…

Les blés encore verts, les seigles déjà blonds
Accueillaient l'hirondelle en leur flot pacifique.
Un tas de voix d'oiseaux criait vers les sillons
Si doucement qu'il ne faut pas d'autre musique…

Peau-d'Ane rentre. On bat la retraite – écoutez !
Dans les États voisins de Riquet à la Houppe,
Et nous joignons l'auberge, enchantés, esquintés,
Le bon coin où se coupe et se trempe la soupe !

Paul Verlaine, *Amour*
1888.

1 Le royaume des devinettes [1]

Il était une fois un garçon si laid, qu'aucune fille ne voulait l'aimer. Son nom, personne ne le connaissait. On l'avait surnommé Obo.

Quand Obo était triste, il se perdait dans la forêt et là, il jouait de la flûte. Les oiseaux l'écoutaient, et les chevreuils, et les biches. Autour de lui, la forêt tout entière se taisait.

5 Un jour qu'il se promenait, Obo aperçut un homme adossé à un arbre. Il était à bout de forces, maigre, décharné*. Il dit d'une voix qu'on entendait à peine :
« Comme c'est étrange ! Depuis un instant, j'entends le son de ta flûte, et les forces me reviennent. Veux-tu jouer encore pour moi ? »

10 Alors Obo joua pour lui. C'était une musique douce et simple qui semblait caresser le ciel. Peu à peu l'homme se redressait, peu à peu ses joues se coloraient. Bientôt, il put parler :
« Tu possèdes un grand pouvoir. Tu m'as ramené à la vie grâce au son de ta flûte. Peut-être serais-tu capable de délivrer la Belle Ensorcelée ? Elle est plus belle que le jour. Emprisonnée loin d'ici, à Riorim. Voici la carte pour y aller, un magicien me l'a donnée.

décharné : très maigre

– J'irai ! s'écria Obo.

– Méfie-toi ! Le roi qui règne sur Riorim est un mauvais génie. Il fera tout pour t'attirer. Mais plus tu t'approcheras de lui, plus tu seras en danger. Les prisonniers de Riorim subissent bien des épreuves. Personne n'est jamais parvenu jusqu'à la Belle Ensorcelée. La nuit, on entend parfois son chant.

– Et où se trouve le palais de la Belle ? murmura Obo, en se penchant sur la carte.

– Au centre, dit l'homme. Adieu, je n'en sais pas davantage. »

Dès cet instant, Obo se mit à rêver de la prisonnière : il en rêvait le jour, il en rêvait la nuit. Un beau jour, il partit. Il escalada des montagnes, il traversa des fleuves, au péril de sa vie. Un jour, il arriva à Riorim. Il entra dans une ville déserte, endormie. Les rues n'avaient pas de nom, mais chaque maison en avait un. Obo passa devant *Allez* puis devant *En pente*, puis il tourna à droite vers *Par là*. Plus il avançait, plus il avait l'impression de se perdre. Il était pris dans un labyrinthe* et ne réussissait pas à trouver le Centre.

Découragé, il finit par s'asseoir au bord de la route. C'est alors qu'il vit un bonhomme si petit, si maigre, qu'on aurait dit un poulet déplumé.

labyrinthe : réseau compliqué de chemins, de galeries où l'on a du mal à trouver la sortie.

«Tu veux savoir où se trouve le Centre, n'est-ce-pas ? Je vais te donner une réponse. Aimes-tu les devinettes ? Eh bien, le Centre, tu le connais !»

Riorim ? Riorim ? Obo fixait le mot sur sa carte et soudain il comprit. Le centre du mot était *or*. Sur la carte, il existait une maison appelée *Or*. Et il constata que de-ci, de-là, des flèches indiquaient la direction de *Or*. Obo marcha et se retrouva devant un palais doré. Il traversa une pièce tapissée de miroirs. Soudain une porte s'ouvrit devant lui et il pénétra dans un merveilleux salon plein de meubles dorés. Au centre, sur une table, il y avait une cage. Et dans cette cage se trouvait un chat, un chat pas plus gros qu'un oiseau, un chat d'or qui savait miauler et chanter.

«Cher étranger, sois le bienvenu dans le palais de notre Grand Génie ! Aimes-tu les devinettes ? demanda le chat.
– Euh… oui ! dit Obo.
– Si tu gagnes, tu auras le droit de pénétrer jusqu'au centre du Centre, près de la princesse Or. Mais, si tu perds, tu seras prisonnier, toi aussi. Fais attention, mes questions sont très difficiles, même quand elles sont faciles.
– On y va ? Tu as une seconde pour répondre.
– On y va ! fit Obo en tremblant.
– Comment t'appelles-tu ?
– Obo ! dit Obo.
– Envers ou endroit ?
– Envers et endroit !
– Qu'est-ce que Riorim ? dit le chat.

« – C'est … M*iroir*, répondit Obo en disant Riorim à l'envers.
– Bravo, fit le chat, tu es malin. Pour la dernière réponse, tu ne dois pas réfléchir, même une demi-seconde.
– Prêt ?
70 – Prêt ! fit Obo.
– Quel est l'envers de non ?
Obo faillit dire *Oui*, mais il se rattrapa d'extrême justesse.
– C'est *non*, s'écria-t-il.
– Sacré bonsoir de bravo ! cracha le chat, furieux, tu m'as eu !
75 Puis il se reprit et annonça d'une voix mielleuse :
– Te voilà donc arrivé au centre du Centre, j'ai la joie de t'introduire près de notre grand roi, Riorim en personne. »

(à suivre)

Bonnes questions !

1. Pourquoi Obo était-il triste ?
2. Comment le vieil homme réagit-il en entendant la flûte d'Obo ? Que lui proposa-t-il ?
3. Que découvrit Obo en arrivant à Riorim ?
4. Quelle qualité le chat reconnaît-il à Obo ?

Jouons avec les mots

1. Le centre de la ville de Riorim s'appelle *Or*. De quel centre s'agit-il ?
Comment, de même, appellerais-tu le centre de :
   - Calais • Dinard • Oloron

2. Obo dit au chat d'or qu'il s'appelle Obo à l'endroit et à l'envers. Pourquoi ? Parmi ces prénoms, quels sont ceux qui se lisent aussi à l'endroit et à l'envers ?
   - Lucie • Anna • Léa • Ève • Lola
   - Ninon • Aviva

3. Obo faillit répondre au chat que l'envers de **non** est **oui**. Aurait-il raison ?
Complète :
   - L'envers de **non** est … tandis que **oui** est le … de non.

   De même :
   - L'envers de **tôt** est … tandis que **tôt** est le … de … .

4. Décode ce message (les mots sont écrits à l'envers). N'oublie pas les majuscules.
   enna euoj xua settenived ceva esilé. elle evuort etiv sel sesnopér emmoc obo.

Il était une fois

2 | Le royaume des devinettes [2]

La pièce s'obscurcit, la cage disparut et Obo vit un scintillement qui avançait vers lui. C'était un trône...

Un énorme monstre à corps d'homme et tête de requin y était assis. Il se tenait de profil. On ne voyait que la moitié de son visage. Il semblait triste avec un grand œil glauque* et une gueule menaçante, toute pleine de dents.

«Comme tu es laid ! grimaça le monstre. Ainsi, tu as réussi à venir jusqu'à moi. Maintenant, nous devons nous battre, et si je suis plus fort que toi, Or m'épousera : telle est sa promesse.
Il étira le cou et se mit à bramer* :
O-o-or ! Ma prisonnière, ma chère amie ! Un étranger est venu jusqu'ici. Ô ma Belle Ensorcelée, viens assister au grand duel !»

La nuit se fit. Et soudain apparurent six filles merveilleuses, raides et blanches comme des anges de verre. Six belles filles aux mêmes cheveux d'or, plus belles que le plus beau des rêves.

«Parmi ces six apparitions, trouve qui est Or. Et choisis bien, sinon, je te tuerai car tu es venu jusqu'ici et tu connais trop de mes secrets, dit Riorim en ricanant. Mais comme tu m'es sympathique, je vais t'aider un peu. Sache que Or, la vraie Or, a des talents exceptionnels : elle sait parler, elle sait entendre, elle sait danser, elle sait rire, elle sait pleurer. Voilà. Tu n'as qu'une réponse à donner, tu n'as pas le droit de te tromper.»

---

glauque : d'un vert un peu trouble.

bramer : crier en parlant du cerf. Ici, crier sur un ton de lamentation.

Alors, Obo demanda à Riorim la permission de jouer de la flûte et voici ce qui se passa : l'air était si triste que les yeux de toutes les belles se mirent à briller. Sauf une qui ne savait pas pleurer : celle-ci n'était point Or.

La mélodie devint langoureuse*, entraînante et les filles ne purent se retenir de danser. Sauf une qui ne savait pas danser : celle-ci n'était point Or.

Soudain, le son de la flûte se fit joyeux et toutes éclatèrent de rire. Sauf une qui ne savait pas rire : celle-ci n'était point Or.

Obo cessa de jouer, et de leurs douces voix toutes le supplièrent : « Encore ! Encore ! » Sauf une qui ne pouvait pas parler : celle-ci n'était point Or.

Obo fit semblant d'obéir. Il porta la flûte à ses lèvres, gonfla les joues, comme s'il jouait. Mais toutes restèrent immobiles, sauf une qui fit des pas de danse. Elle avait fait semblant d'entendre : celle-ci n'était point Or.

Il restait une jeune fille, la seule, la vraie : elle savait pleurer et rire, danser, entendre, parler, et celle-ci était Or. Obo lui tendit la main. Or se frotta les yeux et se mit à chanter d'une voix de violoncelle.

« Obo, dit-elle, je suis magicienne mais Riorim m'avait ensorcelée car il voulait m'épouser. Heureusement, tu m'as délivrée.
– N'es-tu pas déçue de me voir si laid ?
– Regarde-toi dans mes yeux ! »

Il se regarda et, en effet, il était devenu aussi beau qu'un prince. Or et Obo partirent très loin, dans le plus beau pays du monde.

D'après Evelyne Reberg
J'aime Lire, Bayard poche, 1993.

langoureuse : mélancolique, un peu triste.

Bonnes questions !

1. Relève les détails qui rendent Riorim monstrueux.
2. Pourquoi est-il si difficile de reconnaître Or ?
3. Quelles épreuves Obo fait-il subir aux six jeunes filles pour reconnaître Or ?
4. L'une des jeunes filles ment. Laquelle ?
5. Quel miracle Or, une fois délivrée, accomplit-elle ?

3 Dodoche la limace

C'était Noël et tout le monde était heureux, sauf Dodoche.

Pauvre Dodoche ! Elle était limace, et bien triste de l'être. Tellement triste qu'elle n'arrêtait pas de pleurer dans la nuit. Certes, de mémoire d'homme, on n'a jamais entendu pleurer de limace, mais les hommes font tellement peu attention à ce qui les entoure ! Pourtant, solitaire, méprisée de tous, sans amis, sans famille, Dodoche pleurait vraiment.

Des limaces, vous en avez bien sûr rencontré, arpentant les allées d'un jardin après la pluie ou se recroquevillant dans votre assiette sous une feuille de salade mal lavée. Sans doute avez-vous éprouvé alors un sentiment de dégoût. Il faut dire que la nature ne les pas tellement gâtées.
Une limace, c'est mou. C'est flasque. C'est gélatineux. Ça n'a ni queue ni tête. Ni tête ni queue. Ça finit comme ça commence et ça ne commence pas très bien ! Bref, le monde entier s'accorde à les trouver immondes*. On dit un «beau papillon», une «gracieuse libellule», une «adorable coccinelle». On peut accorder quelques mérites aux chenilles pour leur couleur, aux fourmis pour leur labeur*, mais qui saurait reconnaître un charme quelconque à ces bestioles gluantes que sont les limaces ! Alors que pouvait faire d'autre la pauvre Dodoche, sinon se lamenter sous la lune ?

Il faut ajouter qu'elle faisait partie de l'espèce la plus ingrate de cette race défavorisée. Elle était petite, grisâtre, repoussante et insignifiante tout à la fois. Ses grandes cousines, les limaces rouges pouvaient au moins se vanter d'avoir une jolie robe, elle, même pas !

«Certes, se disait-elle, il y a d'autres animaux qui ne sont pas bien beaux, mais au moins ils ont la faculté de se défendre : les araignées ont leurs toiles, les mouches leurs ailes, les cafards sont rapides comme l'éclair, et les vers de terre peu-

---

immondes : d'une extrême saleté, horribles.

labeur : travail.

musaraigne : petit mammifère voisin de la souris.

marauder : voler de petites choses.

gober : avaler sans mâcher.

vent se réfugier dans les profondeurs du sol. Tandis que moi, je n'ai ni pattes, ni carapace, ni ailes, ni venin, je suis toute nue, exposée aux mille dangers qui sans cesse me menacent. Trottine une musaraigne*, maraude* un hérisson, vole une hirondelle et hop ! me voilà avalée, sans que je puisse seulement dire «Ouf !» Les fourmis m'assiègent, les moineaux me gobent* et les renards eux-mêmes ne dédaignent pas d'ouvrir leur vilain museau pour me dévorer toute crue !»

Sur le chapitre de l'appétit, Dodoche ne devait cependant rien à personne. Elle était même une championne dans sa catégorie. Lorsqu'elle était en forme, elle était capable de dévorer en un temps record trois feuilles de salade, suivies d'un cœur d'artichaut avec une ou deux fleurs en guise de dessert et de recommencer quelques minutes plus tard. Mais aujourd'hui, elle était tellement triste qu'elle en avait perdu l'appétit.

Fatiguée, écœurée, découragée, Dodoche avait fini par gagner son abri, sous une pierre.

se lover : s'enrouler sur soi-même.

Elle s'y était lovée* et elle avait sombré dans son sommeil de limace. C'est alors que dans le ciel, juste au-dessus d'elle, apparut une lueur éclatante dont on ne savait pas si elle provenait d'une étoile ou d'un ver luisant.
En tout cas, il se passait des choses étranges !

irradier : se répandre en rayonnant.

Dodoche était parcourue de sensations bizarres. Cela naissait quelque part dans son dos, s'étendait à tout son corps, l'irradiait*, la titillait.
«Je rêve, je rêve», disait Dodoche.
Elle avait l'impression que des ailes lui poussaient, ou bien des cornes ou peut-être une trompe. Il lui semblait en même temps que sa chair flasque se revêtait d'une armure, comme si elle était devenue un scarabée.
C'était de plus en plus agréable ; de plus en plus éreintant aussi ; elle finit par perdre conscience, juste au moment où la petite lueur disparaissait au-dessus de son abri.

Vint le matin ; un merle se mit à siffler. Dodoche, réveillée, se recroquevilla sous sa pierre, car l'oiseau était un ennemi redoutable. Ce faisant, elle se cogna. Les limaces ont

Il était une fois

tout de même l'avantage d'avoir le corps élastique et mou, malléable en tout cas. Or voici qu'elle venait de se cogner et qu'elle en avait éprouvé une petite douleur.

«Qu'est ce que j'ai dans le dos ? Deviendrais-je bossue par-dessus le marché ?»

Elle tourna la tête, se contorsionna pour voir derrière elle, au-dessus d'elle, et ce qu'elle aperçut la fit baver de stupéfaction.

«Ça par exemple !… Ça alors !»

Il y avait de quoi être surpris, en effet. Voici que sur son dos, durant la nuit, avait poussé une coquille nacrée, irisée*, à la fois légère et robuste. Voici qu'à son insu*, Dodoche s'était transformée en escargot ! Elle mit quelque temps à s'y faire, mais très vite, elle bénit le ciel de ce somptueux cadeau.

De limace à limaçon, il y a un monde en effet ! D'abord, les gens vous trouvent bien plus beau et puis vous n'avez plus de problème de logement puisque vous transportez votre maison, vous pouvez vous y claquemurer* à la moindre alerte.

Pour Dodoche, la vie devint belle. Un seul petit point noir peut-être… Les hommes, s'ils sont dégoûtés par les limaces, adorent manger les escargots.

Mais sans doute n'y a-t-il pas d'humains au pays où vit Dodoche, la petite escargotte aux couleurs d'arc-en-ciel.

D'après Yvon Mauffret, *Un vilain petit loup*
Rageot-Éditeur, 1992.

irisée : aux couleurs de l'arc-en-ciel.

à son insu : sans qu'elle s'en rende compte.

se claquemurer : s'enfermer chez soi.

85

Bonnes questions !

1. Pourquoi Dodoche était-elle triste ?
2. Parmi «les animaux qui ne sont pas bien beaux», en quoi Dodoche était-elle la plus défavorisée ?
3. De quels animaux devait-elle se méfier ?
4. Pendant son sommeil, Dodoche a l'impression que son corps a subi des transformations. Lesquelles ?
5. Comment Dodoche est-elle réveillée ? Est-ce un réveil agréable ? Pourquoi ?
6. Pour Dodoche, quelles différences y a-t-il entre une limace et un limaçon ?

lire pour en savoir plus

Il était une fois… les contes

Dans ce chapitre, tu fais la connaissance d'Obo et sa flûte, de Dodoche la limace, de Laura et son collier magique et de Macha et l'ours, mais saurais-tu retrouver les titres des contes dont les passages suivants sont extraits ?

1. «Va voir comment se porte ta mère-grand, car on m'a dit qu'elle était malade».

2. «Bonnes gens qui fauchez, si vous ne dites au Roi que le pré que vous fauchez appartient à Monsieur le Marquis de Carabas, vous serez tous hachés menu comme chair à pâté».

3. En marchant il avait laissé tomber le long du chemin des petits cailloux blancs.

4. La marraine creusa la citrouille, la frappa de sa baguette, et la citrouille se transforma en un beau carrosse tout doré.

5. La jeune fille prit le fuseau et voulut filer à son tour. Mais à peine y eut-elle touché qu'elle se piqua le doigt. Elle tomba sur le lit qui se trouvait là, et resta plongée dans un profond sommeil.

Comment as-tu connu ces contes ? On te les a racontés ? Tu les as lus ? Tu as vu les dessins animés de Walt Disney ? En réalité, pour réaliser certains de ses films, Walt Disney s'est inspiré des contes de Charles Perrault.

Qui est Charles Perrault ? (1628-1703)

Charles Perrault est un écrivain français du siècle de Louis XIV. C'était un haut fonctionnaire de l'État, mais ce sont ses contes qui l'ont rendu célèbre. Il les raconta d'abord à ses propres enfants en s'inspirant de contes traditionnels, puis il les publia en 1697 dans un recueil intitulé *Contes de ma mère l'Oye*.

4   Les perles de la pluie [1]

Il était une fois un homme appelé M. Jones qui vivait avec sa femme au bord de la mer.

Par une nuit de tempête, M. Jones qui se promenait dans son jardin, vit soudainement le gros buisson de houx*, près du portail, commencer à s'agiter et à se tordre.
«Au secours ! cria une voix. Je suis coincé dans le buisson ! Si vous ne me délivrez pas, la tempête continuera à souffler toute la nuit !»

Très surpris, M. Jones s'approcha. Parmi les branches, il vit un être de haute taille, enveloppé dans un long manteau gris, qui avait une grande barbe grise et les yeux les plus brillants que vous ayez jamais vus.
«Qui êtes-vous ? demanda M. Jones. Que faites-vous là, dans mon buisson de houx ?
— Je me suis empêtré dedans. Aidez-moi à en sortir, sinon la tempête durera toute la nuit. Je suis le Vent du Nord et j'ai pour mission de l'éloigner.»

M. Jones aida le vent à se dégager. Pour le remercier, le Vent lui proposa d'être le parrain de Laura, la petite fille, qui venait de naître. Il offrit à l'enfant une magnifique chaîne d'argent sur laquelle on voyait trois gouttes de pluie étincelantes.

houx : arbuste épineux à feuilles vertes et à fruits rouges.

5

pluie battante : pluie qui tombe avec violence.

«Mettez cette chaîne autour du cou de l'enfant, dit-il. Les perles resteront à jamais attachées à la chaîne. Chaque année, pour son anniversaire, je lui en apporterai une autre. Lorsque la fillette possédera quatre perles, l'eau ne pourra plus la mouiller, même si elle sort sous la pluie battante*.

Lorsqu'elle en aura cinq, le tonnerre et les éclairs ne pourront plus lui faire aucun mal.

Lorsqu'elle en aura six, le vent le plus puissant ne pourra l'emporter.

Lorsqu'elle en aura sept, elle pourra nager dans les rivières les plus profondes.

Lorsqu'elle en aura huit, elle pourra traverser à la nage les océans les plus vastes.

Et lorsqu'elle en aura neuf, elle pourra, en claquant des mains, interdire à la pluie de tomber.

Enfin, lorsqu'elle en aura dix, elle pourra faire pleuvoir rien qu'en se mouchant.

Mais attention ! Qu'elle n'enlève jamais cette chaîne, car cela attirerait le malheur. Allons, il faut que je parte chasser cette tempête. Je reviendrai au prochain anniversaire de votre fille, avec la quatrième perle de pluie.»

Chaque année, régulièrement, le Vent du Nord apportait une nouvelle perle à Laura qui vivait, heureuse, entre son père et sa mère.

(à suivre)

Bonnes questions !

1. Pourquoi le Vent du Nord doit-il absolument se dégager du buisson de houx ?
2. Comment le Vent remercie-t-il M. Jones ?
3. Que promet-il ?
4. Quelle recommandation fait-il ?
5. Tient-il sa promesse ?

Il était une fois

5 | Les perles de la pluie [2]

Mais un jour, une petite fille jalouse vola le collier.

Le père de cette vilaine petite fille le vendit à un orfèvre* qui le céda à un marchand chargé de trouver des choses rares pour l'anniversaire de la princesse d'Arabie. Laura était désespérée. Un poisson, un oiseau, une souris et un dauphin auxquels Laura avait rendu service, se proposèrent de l'aider à retrouver le collier. Laura monta sur le dos du dauphin. Les poissons partirent devant et les oiseaux prirent leur envol. Après de longs jours de voyage, ils arrivèrent tous en Arabie.

un orfèvre : un artisan qui fabrique ou vend des objets en métal précieux.

5

10

«Où est le collier ? demandèrent les poissons aux oiseaux.
– Chez le roi d'Arabie. Demain, il l'offrira à la princesse pour son anniversaire.
– C'est aussi mon anniversaire demain, dit Laura. Que dira mon parrain lorsqu'en venant m'apporter la dixième perle, il découvrira que je n'ai plus mon collier ?»
Les oiseaux conduisirent Laura dans les jardins du roi. Elle passa la nuit sous un palmier. L'herbe était sèche et les fleurs roussies parce qu'il n'avait pas plu depuis un an.

Il était une fois

Le matin de son anniversaire, la princesse descendit au jardin pour y recevoir ses présents. Que de jolies choses elle découvrit ! Une fleur qui savait chanter, une volière pleine d'oiseaux au plumage vert et argent, un livre qu'on pouvait lire éternellement car il n'y avait pas de dernière page, un petit chat qui jouait du violon, une robe argentée et une robe dorée, une pendule avec un coucou vivant pour annoncer l'heure et un bateau creusé dans un gigantesque coquillage couleur d'aurore. Parmi tous les autres cadeaux se trouvait le collier.

Lorsque Laura l'aperçut, elle quitta précipitamment son abri et s'écria :
« Ce collier m'appartient ! Rendez-le moi ! Je vous en prie !
Le roi d'Arabie se fâcha.
– Qui est cette fille ? Qui l'a laissée entrer dans mon jardin ? Qu'on l'emmène et qu'on la jette à la mer ! »
Mais la jeune et jolie princesse intervint. Se tournant vers Laura, elle demanda :
« Comment savez-vous que ce collier est à vous ?
– Parce que mon parrain me l'a offert. Lorsque je le porte, je peux me promener sous la pluie sans qu'elle me mouille et aucune tempête ne peut me nuire*, je peux traverser mers et torrents* à la nage et je peux même faire cesser la pluie.
– Ah ! dit le roi, mais… pourrais-tu faire pleuvoir ? Si tu fais pleuvoir, je te rendrai ton collier, car nous manquons d'eau dans notre pays. »
Laura fut désolée de ne pouvoir ordonner à la pluie de tomber tant qu'elle ne posséderait pas la dixième perle.
Et voilà que le Vent du Nord arriva brusquement dans les jardins du roi.

Furieux parce que Laura s'était séparée de son collier, il jeta la dixième perle dans l'herbe et disparut laissant Laura en larmes.

« Ne pleurez pas, dit la gentille princesse. Je vais vous rendre le collier car je sais maintenant qu'il est à vous. »
Laura s'essuya les yeux et se moucha. Alors, devinez !
Eh oui ! la pluie se mit à tomber, à tomber, à tomber ! Les arbres déroulèrent leurs feuilles, les fleurs ouvrirent leurs corolles

nuire : faire du mal.

torrent : cours d'eau qui descend de la montagne et coule très vite.

Il était une fois

55 tant ils étaient heureux de se rafraîchir. Le roi d'Arabie était enchanté.
« Voilà bien le plus beau collier que j'aie jamais vu, déclara-t-il. Je t'invite à venir chaque année séjourner parmi nous, afin que nous ayons de l'eau en suffisance. »

Joan Aiken, *Les perles de la pluie*
Hachette Jeunesse

Bonnes questions !

1. Qu'arriva-t-il un jour ?
2. Par quel moyen de transport Laura arriva-t-elle en Arabie ?
3. Pourquoi Laura était-elle inquiète ?
4. Comment le roi réagit-il quand Laura voulut reprendre son collier ? Et la petite princesse ?
5. Quand le roi apprit ce que Laura pouvait faire grâce à son collier, que lui demanda-t-il ?
6. Pourquoi ne put-elle le satisfaire ?
7. Qu'arriva-t-il lorsque Laura se moucha ?
8. Pourquoi le roi fut-il enchanté ?

Le mot juste

Trouve le mot ou l'expression dans le texte pour dire :

1. des cadeaux.
2. une grande cage.
3. sans jamais s'arrêter.
4. il plut énormément.
5. habiter quelque temps.

Il était une fois

6 | Macha et l'ours [1]

Il était une fois une petite fille appelée Macha qui vivait chez sa grand-mère et son grand-père.

Un jour, ses jeunes compagnes décidèrent d'aller dans la forêt ramasser des champignons et cueillir des baies sauvages* ; elles vinrent lui demander de se joindre à elles.
«Grand-père, grand-mère, dit Macha, laissez-moi les accompagner dans la forêt !
– Va ! lui répondirent le grand-père et la grand-mère, mais fais bien attention de ne pas t'écarter de tes amies de peur de te perdre.»

des baies sauvages : des fruits charnus sans noyau, comme la myrtille et l'airelle.

5

Arrivées dans la forêt, les fillettes se mirent à chercher champignons et baies sauvages. Mais voilà que la petite Macha, arbre après arbre, buisson après buisson, se retrouva loin de ses compagnes.
Elle se mit à crier et à les appeler sans qu'elles lui répondent ou l'entendent. La fillette marcha longtemps et se perdit tout à fait. Elle se retrouva au cœur de la forêt profonde et touffue. Là, devant elle, se dressait une maisonnette. La petite Macha frappa à la porte. Pas de réponse. Elle entra dans la maisonnette, s'assit sur un petit banc près de la fenêtre. Elle se demanda : «Qui peut bien habiter ici ? Pourquoi n'y a-t-il personne ?»

En réalité, cette maisonnette était la demeure d'un ours énorme, mais il n'était pas chez lui à ce moment-là car il allait de par la forêt.
Le soir venu, l'ours revint à la maison et se réjouit d'y découvrir Macha.
«Voilà qui est très bien, dit-il, je ne te laisserai pas repartir ! Tu vas rester avec moi ; tu entretiendras le feu dans le poêle, tu me prépareras de la bouillie et tu me nourriras.»

Il était une fois 97

dans l'affliction : dans un grand chagrin.

Cette décision plongea Macha dans l'affliction* et dans la désolation, mais que faire ? Elle dut vivre dans la maisonnette de l'ours.

L'ours partait dans la forêt pour toute la journée et interdisait à Macha de sortir de la maison en son absence. «S'il te prenait l'envie de partir, disait-il, de toute façon, je te rattraperais et, cette fois, ce serait pour te manger !»
La petite fille se mit à réfléchir : comment échapper à l'ours ?
La forêt se dressait de toutes parts. Elle ne savait quelle direction prendre et il n'y avait personne à qui demander sa route.

(à suivre)

Bonnes questions !

1. Où vont les petites filles ? Que vont-elles chercher ?
2. Quelle recommandation les grands-parents font-ils à Macha ?
3. Qu'arrive-t-il à la fillette ?
4. Où se réfugie-t-elle ? Qui y habite ?
5. De quoi l'ours menace-t-il Macha ?

98 Il était une fois

7 Macha et l'ours [2]

Elle réfléchit longtemps et finit par trouver un moyen.

Un soir, Macha dit à l'ours :
« Ours, s'il te plaît, Ours, laisse-moi aller au village pour une petite journée, une seule ; je voudrais apporter des friandises à ma grand-mère et à mon grand-père.
5 – Non, dit l'ours, tu vas t'égarer dans la forêt. Donne-moi les friandises et je les leur apporterai moi-même. »

C'était exactement la réponse qu'espérait Macha !
« Voilà, regarde : je vais mettre les petits gâteaux dans ce panier et toi tu les porteras à mon grand-père et à ma grand-mère.
10 Mais n'oublie pas mes recommandations : n'ouvre pas le panier en chemin et n'en sors pas les gâteaux. Je vais grimper au faîte* d'un jeune chêne pour te surveiller.
– Soit, dit l'ours, donne-moi le panier ! »
Mais Macha lui dit :
15 – Va d'abord sur le perron* pour voir s'il ne pleut pas ! »
Sitôt l'ours sorti, la petite fille se glissa dans le panier et posa sur sa tête le plat contenant les petits gâteaux. Lorsque l'ours revint, il trouva le panier prêt à être emporté, il le chargea sur son dos et prit la route du village.

20 L'ours avançait au milieu des sapins, cheminait entre les bouleaux, descendait les petits ravins, remontait les collines. Il marcha longtemps, puis, se sentant fatigué, il dit :
« Sur cette souche*, asseyons-nous. De bons gâteaux régalons-nous ! »
25 Mais Macha, assise dans le panier, dit :
– *Je te vois, gros ours, je te vois !*
Sur cette souche ne t'assieds pas,
De mes gâteaux ne te sers pas !
Apporte-les à ma grand-mère,
Apporte-les à mon grand-père !
– Quelle vue perçante ! dit l'ours ; cette petite fille voit tout ! »

au faîte : au sommet.

perron : escalier extérieur dont la dernière marche fait palier avec la porte d'entrée.

souche : partie du tronc d'un arbre qui reste en terre quand l'arbre a été coupé.

Il était une fois

Il chargea à nouveau le panier sur son dos et reprit sa route. Le voilà arrivé au village ; il trouve la maison des grands-parents de Macha et frappe au portail de toutes ses forces.
«Toc, toc, toc ! Déverrouillez la porte, ouvrez-moi ! Je vous apporte des friandises confectionnées par votre petite-fille Macha.»
Mais les chiens du village ont senti l'ours ; ils accourent de tous côtés en aboyant et se jettent sur lui. L'ours prend peur, dépose son fardeau près du portail et reprend le chemin de la forêt sans demander son reste.

Arrivés au portail, le grand-père et la grand-mère découvrent le panier :
«Que peut-il y avoir dedans ?» dit la grand-mère.
Le grand-père souleva le couvercle et aperçut les petits gâteaux. Sa femme en prit un, le goûta et se mit à pleurer :
«Ma petite Macha faisait exactement les mêmes gâteaux. Où est-elle en ce moment, ma pauvre petite-fille ?
– Je suis là ! dit Macha en bondissant hors de sa cachette.
Le grand-père et la grand-mère n'en croyaient pas leurs yeux : leur petite-fille se tenait devant eux, leur petite-fille saine et sauve, rayonnante de santé !

Le vieil homme et sa femme se réjouirent beaucoup ; ils serrèrent Macha dans leurs bras, l'embrassèrent tout en lui répétant qu'elle était une bonne petite-fille.

Contes de Russie, éd Rouge et Or, 1982.

Bonnes questions !

1. Que décide l'ours ?
2. Comment Macha parvient-elle à s'échapper ?
3. Pourquoi l'ours reprend-il rapidement le chemin de la forêt ?
4. Pourquoi, à ton avis, Macha ne sort-elle pas immédiatement du panier ?
5. Pourquoi les grands-parents n'en croient-ils pas leurs yeux ?

LA PETITE LIBRAIRIE

Le bois enchanté
et autres contes★
André Dhôtel,
Le Livre de Poche Jeunesse
Hachette jeunesse, 1991.

Sept contes dans lesquels l'amitié triomphe toujours avec l'aide d'éléments fantastiques. Des parapluies poussent comme des fleurs dans un jardin, deux papillons magiques disparaissent dans les yeux d'une petite fille malvoyante et illuminent son regard, des polissons risquent d'être transformés en grenouilles...

Un vilain petit loup
et autres contes d'animaux★
Cascade Contes
Rageot-Éditeur, 1992.

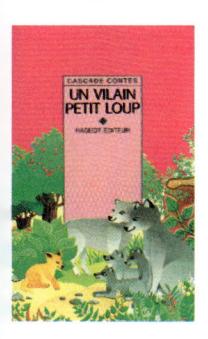

Si tu as aimé *Dodoche la limace* et *Petit-Loup-Raté*, tu trouveras avec plaisir leur histoire complète dans ce livre. Les autres contes de ce recueil, *L'épreuve de l'aigle*, *Une amitié difficile*, *La fine mouche* et *Le phoque blanc* te feront également passer un moment agréable.

Le coq à la crête d'or
et autres contes de l'hiver russe★★
MIchel Honaker,
Cascade Contes
Rageot-Éditeur, 1993.

A la mort de leur père, deux frères héritent l'un d'une isba et d'une terre, l'autre d'une cage vide. Quelle injustice ! Tout va changer quand un coq à la crête d'or va se laisser prendre dans la cage. Dans les autres contes, tu rencontreras Baba Yaga la sorcière, Katschéi l'immortel, et des moujiks qui savent toujours se tirer de mauvais pas.

Dix-neuf fables de singes★
Jean Muzi,
Collection Castor Poche
Flammarion, 1992.

L'auteur s'inspire de contes d'Europe, d'Asie et du Moyen-Orient. Le singe joue de nombreux tours à ses amis, mais il se montre aussi intelligent, réfléchi et donne souvent des leçons de sagesse à ses proches. Des récits courts, amusants et faciles à lire.

Dix-neuf fables de Renard★
Jean Muzi,
Collection Castor Poche
Flammarion, 1983.

Dix-neuf contes très courts qui racontent les mésaventures de Renard. Cet animal rusé parvient souvent à se sortir de situations embarrassantes, mais il arrive aussi qu'il soit pris à ses propres pièges.

Les trois souhaits de Quentin
et autres contes de fées★
Cascade Contes
Rageot-Éditeur, 1992.

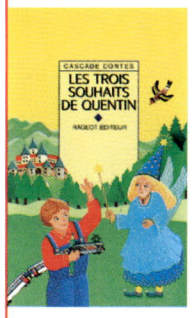

Si une fée te proposait d'exaucer trois de tes souhaits, serais-tu aussi astucieux que Quentin ? Cet agréable petit livre contient trois autres contes de fées. *Le crapaud qui voulait devenir prince*, *La fée ensorcelée*, *Une petite fée de rien du tout*. Une lecture facile et plaisante.

Il était une fois 101

atelier

Vocabulaire — les contraires

> Tout le monde trouvait Obo **laid**. Au contraire, la belle Ensorcelée le trouva **beau**.
> - **Laid** et **beau** sont des adjectifs de sens opposé. On les appelle des **contraires**.

1 Relis les extraits du *Royaume des devinettes*. Tu y trouveras d'autres adjectifs et leur contraire.

a. Le monstre de Riorim était **énorme** alors que l'homme adossé à l'arbre était …

b. Obo jouait une musique tantôt **langoureuse**, tantôt …

c. Le son de la flûte est quelquefois **triste** mais il peut se faire …

2 Trouve le contraire de l'adjectif «clair» dans les expressions suivantes :

a. un ciel **clair** • un ciel …
b. une salle **claire** • une salle …
c. une eau **claire** • une eau …
d. un bleu **clair** • un bleu …
e. une voix **claire** • une voix …

3 Trouve le contraire de l'adjectif «dur» dans les expressions suivantes :

a. Cet exercice est …
b. Elle a un regard …
c. Une recette avec des œufs …
d. Je n'aime pas dormir sur un matelas …
e. Ce bifteck est …

Le dictionnaire — le genre des noms

> Voici deux mots extraits du dictionnaire :
> **flûte** : *n. f.* instrument de musique…
> **conte** : *n. m.* récit souvent assez court d'aventures imaginaires.
> *n. f.* est l'abréviation de «nom féminin» ; *n. m.* est l'abréviation de «nom masculin».

1 Doit-on dire «un» ou «une» ? Vérifie dans le dictionnaire et corrige si nécessaire.

- … mode d'emploi
- … éclair
- … insigne
- … dragée
- … pétale
- … autoroute

2 Le sens des mots suivants change selon leur genre. Rédige une courte phrase pour chaque exemple.

- un page
- un tour
- un voile
- une page
- une tour
- une voile

Il était une fois

atelier

Expression écrite la forme négative

> Macha se promenait-elle **quelquefois** seule dans la forêt ?
> **Non,** Macha **ne** se promenait **jamais** seule dans la forêt.

1 Réponds aux questions suivantes par une phrase négative.
Quels sont les mots qui permettent de dire *non* ? Où sont-ils placés ?

a. L'ours était-il chez lui quand Macha entra dans la maisonnette ?

b. Macha trouva-t-elle **quelqu'un** dans la maison ?

c. L'ours mangea-t-il **quelque chose** ?

d. Penses-tu que Macha s'éloignera **encore** de ses camarades ?

2 Écris les phrases suivantes à la forme négative.
Attention, n'oublie pas *ne* ou *n'*.

• Oui, Pierre regarde toujours la télévision.

• Oui, nous irons encore nous promener sous la pluie.

• Oui, j'ai trouvé quelque chose dans le tiroir.

• Oui, quelqu'un apparut à la fenêtre du salon.

• Oui, je viendrai demain.

• Oui, Lucie mange parfois à la cantine.

3 Complète pour former des phrases négatives.

• Michel promet que, désormais, il … désobéira ….

• Pierre … 'est encore … allé au cirque.

• En rentrant de l'école, je …'ai trouvé … à la maison.

• Nos voisins … possèdent … de voiture.

• Parle plus fort ! Je …'entends ….

• J'ai eu beau sonner, … … 'a répondu.

• Il fait très noir, je … vois ….

• Pierre …'a … d'appétit. Depuis quelques jours, il … mange presque ….

Il était une fois   103

Dans ce chapitre, tu liras les histoires suivantes...

1 Le cirque Piccolo [1]

M. de Genestoux ....page 108

2 Le cirque Piccolo [2]

M. de Genestoux ....page 111

3 Pipo [1]

A. Surget ....page 114

4 Pipo [2]

A. Surget ....page 116

Sous le chapiteau

Poésie	106
Lectures	108 à 126
Lire pour en savoir plus : Les clowns	119
La petite librairie	127
Atelier	128

- Vocabulaire : les adjectifs en -*eux*
- Le dictionnaire : chercher des mots de la famille de «lune»
- Expression écrite : reconstitution de texte

5 *La lune sous le chapiteau du cirque*

Heinrich Hannover .... page 120

6 *Vif-Argent*

Josep Vallverdu .... page 123

7 *Nous ne suivrons pas le cirque*

Bertrand Solet .... page 125

Poésie

Clown

Je suis le vieux Tourneboule
Ma main est bleue d'avoir gratté le ciel
Je suis Barnum, je fais des tours
Assis sur le trapèze qui voltige
Aux petits, je raconte des histoires
Qui dansent au fond de leurs prunelles
Si vous savez vous servir de vos mains
Vous attrapez la lune
Ce n'est pas vrai qu'on ne peut pas
    la prendre
Moi je conduis des rivières
J'ouvre les doigts elles coulent à travers

Dans la nuit
Et tous les oiseaux viennent y boire
sans bruit

Les parents redoutent ma présence
Mais les enfants s'échappent le soir
Pour venir me voir
Et mon grand nez de buveur d'étoiles
Luit comme un miroir.

Werner Renfer, Jour et nuit
Porrentruy.

Au cirque

Ah ! si le clown était venu !
Il aurait bien ri, mardi soir :
Un magicien en cape noire
A tiré d'un petit mouchoir
Un lapin, puis une tortue
Et, après, un joli canard.
Puis il les a fait parler
En chinois, en grec, en tartare.
Mais le clown était enrhumé :
Auguste était bien ennuyé.
Il dut faire l'équilibriste
Tout seul sur un tonneau percé.
C'est pourquoi je l'ai dessiné
Avec des yeux tout ronds, tout tristes
Et de grosses larmes qui glissent
Sur son visage enfariné.

Maurice Carême, A cloche-pied
© Fondation Maurice Carême.

Sous le chapiteau

Le cirque

Zim ! Zim ! Zim !
Cymbale sonne et l'on se grime
Le funambule fait la «gym»
Pour s'échauffer, car ça commence

L'éléphanteau entre en sa danse
Et le lionceau fait révérence
Mais il voudrait bien une lime
Pour ses barreaux – terrible engeance

Zim ! Zim ! Zim !
Le trapéziste est dans les cimes
Trapèze fin, tu te balances
Jongleurs, lancez bien en cadence
Tous vos ballons prenant semblance
D'un grand soleil – Que l'on s'escrime !

Et que l'on rie quand le clown mime !
Et qu'on écoute sa romance !

Zim ! Zim ! Zim !

Jean-Pierre Voidies, *Par la plume du ballon bleu*
Éditions du Pavillon, 1975.

Le magicien

Approchez messieurs-dames
Entrez sous le grand chapiteau
Venez voir mon spectacle
Découvrez un monde nouveau

Vous pourrez voir la voie lactée
Tomber doucement à vos pieds,
Et tous les soleils de l'Afrique
Sortir d'une boîte magique
Avec les revers de ma cape
Je ferai apparaître un lac
Puis avec deux ou trois foulards
Voici des cygnes et des canards

A l'intérieur de ce grand cirque
D'un coup de baguette magique
Je change l'hiver en printemps
Je fais la pluie et le beau temps
Plus de mille colombes blanches
S'envolent soudain de mes manches
Vous verrez la poule aux œufs d'or
Et bien d'autres choses encore

Entrez sous le grand chapiteau
Vous pourrez voir dans mon chapiteau
pousser un baobab géant
En trois secondes seulement
Enfin, le plus extraordinaire,
Ça personne ne sait le faire
J'invente une couleur nouvelle
Et je l'ajoute à l'arc-en-ciel

Approchez messieurs-dames
Approchez messieurs-dames

Richard Seff,
Éd. Tonus Musica Andorra
et Éd. April Music, 1974 .

Sous le chapiteau

Le cirque Piccolo [1]

Pour aider leur ami Colin, jeune orphelin, à payer ses études, Pierre, Jean, Paul, Marie-Claude et Nadine décident de monter un spectacle de cirque.

Les acteurs ne furent prêts qu'à cinq heures. Ils ne s'étaient pas figuré qu'il fallût un temps si long pour coudre une peau d'ours, revêtir une robe pailletée et des costumes de haute fantaisie.

Enfin, Pierre qui dirigeait la séance s'avança, revêtu d'un vieil habit de son père. Le pantalon trop long avait été coupé à la hauteur des chevilles, le devant de sa chemise, empesé*, brillait comme une glace, le nœud de sa cravate était à la dernière mode, ses gants blancs étaient un peu trop larges et trop longs. Sur sa tête, il avait posé un haut-de-forme invraisemblablement haut : un vrai tuyau de poêle !

«Messieurs, Mesdames, commença-t-il en soulevant son chapeau et en saluant l'assistance, à droite, à gauche et au centre, le cirque Piccolo, venu de régions lointaines, donne aujourd'hui la première représentation de sa tournée mondiale. Le cirque Piccolo vous présentera un ours polaire amené de Russie ainsi qu'une princesse de Sibérie*.
Ran tan plan plan plan !

empesé : amidonné (pour rester bien raide).

Sibérie : région très froide de Russie.

108 Sous le chapiteau

– Le cirque Piccolo vous fera entendre son orchestre composé d'un tambour *Ran tan plan... plan... plan...*, d'un trombone à coulisse *Houm ! Houm ! Houoûhoûm !* d'une clarinette *Tu... tutu... tutu...* et d'une flûte *Ti... titi... titi...* Et cet orchestre, dirigé par Pierre Nostradamus... – c'est moi ! – (Pierre s'inclina gravement), jouera l'air du cirque Piccolo connu dans le monde entier.

Ran tan plan plan plan !

– Mesdames et Messieurs, reprit Pierre, notre hercule* Annibal Férosus va porter, à bras tendus, des poids de cinquante kilos !»

Paul parut, vêtu d'un costume de bain à raies rouges et blanches. Son arrivée provoqua des applaudissements nourris. Sur un tapis étendu par terre, s'étalaient de superbes poids en carton confectionnés par Paul et sur lesquels on lisait : 50 kg, 100 kg. Paul (Annibal Férosus) s'inclina légèrement. Quelques murmures s'élevèrent de l'assistance. «Il est bien maigre, le pauvre enfant !» Mais Jean qui avait l'esprit d'à-propos*, lança un *Rrrrantanplan* formidable.

Paul se pencha, saisit un des poids, fit un effort qui paraissait surhumain et le poids fut soulevé un peu... encore un peu... jusqu'au moment où le bras de Paul fut horizontal.

«Bravo, bravo !»

Annibal Férosus, d'une autre main, prit un autre poids et, les deux bras tendus, tint, pendant quelques instants, deux poids de cinquante kilos.

«C'est extraordinaire !» crièrent quelques voix.

Férosus, alors, se saisit d'un poids de cent kilos, l'éleva lentement jusqu'à sa bouche, saisit l'anneau entre ses dents, et, durant quelques secondes, le tint ainsi suspendu. Les spectateurs n'en revenaient pas !

Paul se retira modestement et Jean refit un *rantanplan* prolongé.

«Mesdames et Messieurs, voici nos animaux savants. Ces chiens extraordinaires appartiennent à Annibal Férosus.

un hercule : un homme très fort.

avoir l'esprit d'à-propos : savoir faire ce qu'il faut au bon moment.

Sous le chapiteau

Vous allez voir la chienne Kotuko dans ses tours savants, le jeune Quinquin, son fils, sauter sur les barres de bois. Messieurs, voyez !

Paul s'avança. Il appela Kotuko.

c'est un prodige :
Il est remarquable.

60 – Messieurs, dit Paul, ce chien est un prodige* : il avale les cailloux, comme vous et moi les œufs mollets. Mais vous allez vous rendre compte. Je prends ce caillou dans ma main, vous le voyez bien…»

Paul montra à toute l'assistance quelque chose qu'il tenait entre le pouce et l'index. «Je le donne à mon chien : Kotuko, 65 fais le beau ! … Tu le vois… Mange-le !»

Kotuko ne se le fit pas dire deux fois. Elle avala le caillou qui était un gâteau. Paul recommença l'expérience deux fois, trois fois, au milieu des applaudissements du public.

(à suivre)

Bonnes questions !

1. Pierre est-il un bon présentateur ? Pourquoi ?

2. L'orchestre du cirque Piccolo te semble-t-il un grand orchestre ? Peux-tu citer quelques instruments qui lui manquent ?

3. Relève la phrase qui prouve que les spectateurs sont très étonnés par les performances de Paul l'hercule.

4. Crois-tu que la chienne Kotuko soit un prodige ? Pourquoi ?

5. Parmi les chapeaux ci-dessous, lequel est celui de Pierre ? Comment s'appelle-t-il ?

2 Le cirque Piccolo [2]

Pierre annonça : «Voici, Messieurs, Mesdames, l'ours Martin et sa gardienne, la princesse Nikita !»

L'ours blanc avançait lentement, tenu au moyen d'une grosse chaîne par Marie-Claude (princesse Nikita). C'était bien une véritable princesse. Elle portait une robe en tulle pailleté avec une longue traîne qui ondulait suivant ses mouvements. De ses cheveux partait un voile de tulle qui tombait jusqu'à terre et qui était retenu par un diadème d'or ; à la main, elle tenait un magnifique éventail de plumes d'autruche.

L'ours fit entendre un grognement.
«Il n'est pas méchant ? demanda un gamin au premier rang.
– Non, Messieurs, l'ours Martin est bon, il est intelligent mais il ne faut pas l'exciter.
– Martin, commença la princesse Nikita majestueusement, saluez cette honorable société.
Nadine, bien cousue dans la peau de l'ours, salua.
– Martin, continua la princesse Nikita, donnez-moi votre patte.
Martin tendit la patte.
– Martin, faites le beau !»
Martin hésita. S'il faisait un trop brusque mouvement, il risquait de découdre sa peau. Mais comme Marie-Claude lui donna une petite chiquenaude* sur le nez, il s'exécuta.
«Maintenant, Martin va danser.
– Bravo ! Bravo !
– Orchestre, commanda Marie-Claude», avec le ton d'une impératrice.
Et Maître Martin dansait en mesure, sur un pied puis sur l'autre.

Ce fut du délire. L'assistance riait et applaudissait avec enthousiasme. Un petit garçon attrapa quelques poils du dos de Martin qui, naturellement, ne s'en montra pas ému. Fort heureusement, la princesse Nikita avait l'œil à tout ; elle souffla tout bas :

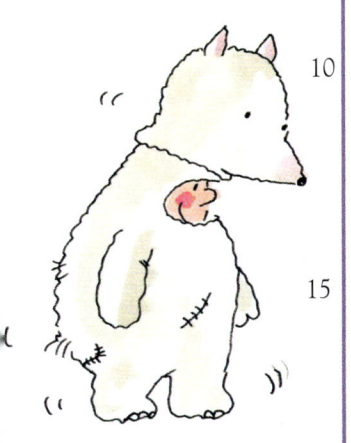

chiquenaude : pichenette, petite tape.

Sous le chapiteau

«On te tire les poils…»
Alors Martin se tourna légèrement et, comme le garçon recommençait son manège, il bondit, fit mine de mordre la manche du jeune audacieux.

35 Quels cris poussa le malheureux ! On aurait dit qu'il avait le bras broyé ! Marie-Claude-Nikita, de l'extrémité de son éventail, effleura la tête de Martin-Nadine en disant :
«Martin, lâchez !»
Martin lâcha la manche, s'assit sur son arrière-train et fit le
40 beau. Nikita regarda son élève et, au plus vite, murmura :
«Ne fais pas le beau… Ta peau se découd sous le ventre ! Messieurs et Mesdames, Martin va rentrer se reposer. On va vous présenter Gudule et son maître Hippocrate.»

Martin et Marie-Claude disparurent tandis que Paul,
45 monté sur Gudule, entrait dans la petite arène.
«Messieurs, Mesdames, dit Pierre, voici le fameux prestidigitateur* Hippocrate et son ânesse Gudule.
– Gudule, saluez l'assistance.»
Paul donna un léger coup sur le dos de l'ânesse. Gudule avait
50 la manie de secouer la tête lorsqu'on la touchait ainsi. Le public crut qu'elle obéissait à son dresseur.
«Pas mal, la bête, pas mal !» s'écrièrent plusieurs spectateurs.
Pierre continua :
«Cet habile prestidigitateur va vous montrer quelques-uns de
55 ses tours. Messieurs, Mesdames, avez-vous un jeu de cartes ? Personne ne répond ? Eh bien, en voilà un ! Il est neuf. Je le remets à Maître Hippocrate puis il dira la bonne aventure à qui voudra.
Choisissez trois cartes. Qui veut choisir ? Mademoiselle, vou-
60 lez-vous ? Bon ! Placez ces cartes, là, sur ce tapis de façon que je ne les voie pas. Je vais deviner le total des points que représentent ces cartes.»

prestidigitateur : magicien.

Sous le chapiteau

Paul annonça triomphalement : «29 !»

C'était, en effet, le total des points des trois cartes. Les spectateurs regardèrent étonnés. Paul dut refaire son tour qu'il réussit avec autant de succès.

Pierre reprit la parole :

«Messieurs et Mesdames, nous allons terminer le spectacle par un concert donné par tous les artistes de la troupe Piccolo.»

Hippocrate-Paul saisit le trombone, Jean, son tambour, Pierre leva son bâton comme un chef d'orchestre, Marie-Claude parut, tenant sa flûte, Nadine, habillée en danseuse, s'avança en levant un tambourin.

«Un… deux… trois.»

Rantanplan, planplan… Houm, houm, houm… Houoûmoum… Titititi… ti.

Enfin la musique cessa sur un geste de Pierre.

Jean qui avait toujours l'esprit d'à-propos, cria d'une voix de stentor* :

«Messieurs, Mesdames, votre obole*, c'est pour un pauvre orphelin !» Et il tendit sa calotte rouge en faisant le tour de l'assistance.

Les pièces tombèrent, des billets volèrent. Ce fut une pluie, un déluge ! Pierre salua la foule, Marie-Claude mit une main sur son cœur pour remercier et Nadine envoya des baisers.

D'après M. de Genestoux, *Le cirque Piccolo*, D.R.

voix de stentor : voix retentissante, très forte.

obole : petite somme d'argent donnée à une quête.

Bonnes questions !

1. L'ours n'a pas senti qu'un enfant tirait ses poils. Pourquoi ?
2. Pourquoi Martin ne doit-il plus faire le beau ?
3. Cite les cinq enfants et rappelle les différents rôles joués par chacun d'eux.
4. Les enfants ont-ils gagné beaucoup d'argent ? Relève le passage qui le montre.

Sous le chapiteau

3

Pipo [1]

**Pipo est clown au cirque Balatum.
Tous les jours, avant le spectacle, il passe près de deux heures à se maquiller.**

Il se brunit les joues, se trace un gros point noir en haut du front, agrandit le contour de ses yeux avec un crayon gras, se fixe une boule rouge au bout du nez et, minutieusement, dessine un grand sourire autour de sa bouche. Il enfile son pantalon à bretelles, attache son plastron* qui rebique, endosse son ample veste à carreaux, lace ses souliers immenses, ajuste sa tignasse poil de carotte et son melon* à pois. Il est prêt : il attend derrière la tenture du chapiteau que retentisse la musique.

Alors, il s'élance sur la piste poussiéreuse, aveuglé par les faisceaux des projecteurs* qui se croisent sur lui. Il devient cible : celle du public, celle des clowns blancs qui dansent autour de lui, celle de l'orchestre qui ponctue chacun de ses gestes par un coup de cymbale.
Il s'élance mais il tombe. Forcément, avec des chaussures d'un mètre de long ! Tout le monde rit. C'est le but d'un clown de faire rire, mais malgré le grand sourire peint autour de ses lèvres, Pipo ne rit pas.

Paillasse, un clown habillé de paillettes étincelantes, lui fait tomber son chapeau d'une claque par derrière. Pipo essaie de le ramasser mais, chaque fois qu'il fait un pas pour le saisir, son soulier démesuré cogne dans le melon et l'envoie rouler plus loin. Les enfants rient. Pipo, lui, ne rit pas.

Tartuffio, le compère* de Paillasse, aussi blanc et aussi rutilant* que lui, invite Pipo à venir sentir la fleur qu'il porte à sa boutonnière. Le clown s'approche, se penche – le public rit déjà – et prend une profonde inspiration. Un vilain jet d'eau jaillit de la fleur, asperge Pipo, lui abîme son beau maquillage. Pipo ne trouve pas cela très amusant.

---

un plastron

chapeau melon : chapeau rond à bords étroits.

les faisceaux des projecteurs : les rayons lumineux des projecteurs.

le compère : l'assistant.

rutilant : brillant d'un vif éclat.

Sous le chapiteau

30 Les scènes se suivent et déclenchent des torrents de rire. Paillasse lui demande de tenir fermement un énorme élastique. Pipo se campe au milieu de la piste, regarde son compagnon qui s'écarte de lui en tendant le fil au maximum.
«Je mesure la longueur du cirque, déclare-t-il aux enfants ravis. Mais il lâche l'élastique.»
Pipo le reçoit sur les mains : ses doigts se recroquevillent sous le choc, s'étirent, se dégonflent dans un bruit de trompette.

40 Puis les clowns blancs l'empoignent par ses vêtements et le propulsent* sur un trampoline où il rebondit de plus en plus haut. Pas facile de garder l'équilibre avec des pieds d'un mètre qui s'agitent dans les airs et un pantalon qui tombe sur les chevilles. Les spectateurs rient, mais Pipo, lui…

propulser : projeter, pousser en avant.

45 Le pire est quand on l'oblige à sauter sur le dos d'un cheval lancé au trot autour de la piste. Roulement de tambours. Inévitablement, le clown manque son saut. Coup de cymbales ! Il se cogne dans le flanc du cheval, bondit trop tôt, trop tard, trop haut, culbute par-dessus l'encolure et se flanque
50 par terre, de l'autre côté. Le cirque rit. Même la musique se moque du clown. Pipo, lui, a mal. Chaque fois qu'il tombe, il se donne un coup de pied au front.
Mais il a son numéro à assurer, alors il continue.

(à suivre)

Bonnes questions !

1. Relève tout ce qui peut faire rire les spectateurs dans le numéro de Pipo.
2. Combien de clowns participent à ce numéro ? Relève leur nom.
3. Le numéro de Pipo te semble-t-il facile ? Pourquoi ?
4. Quelle expression le maquillage de Pipo donne-t-il à son visage ?
5. Essaie de trouver pourquoi Pipo ne rit pas alors qu'il fait rire tout le monde.

Sous le chapiteau

4   Pipo [2]

Dans sa roulotte, Pipo a une amie : une fleur. Il se désole de la voir malheureuse.

dépérir : s'affaiblir peu à peu.

Elle dépérit*. Elle est seule au milieu de son pot comme il l'est dans le cirque. Elle n'a pas de nom. C'est une fleur rouge, issue d'une graine qu'un vent a dû voler à un talus. Il est venu la déposer par hasard dans un pot oublié devant la porte de sa roulotte.

Pipo a tout essayé pour lui rendre la vie. En vain. Elle courbe tristement la tête à l'extrémité de sa tige et ne sera pas longue à se faner. Déjà, elle a perdu ses couleurs. Pipo a pensé à l'eau. Mais ce n'était pas l'eau. Il a changé sa terre, a mis du beau terreau. Sans résultat. Il a même essayé la musique : il a calé son petit violon sous son menton et s'est mis à jouer pour elle. Mais la fleur a continué à pencher la tête vers le sol. Il l'a installée au soleil, puis à l'ombre, maintenant il ne sait plus que faire.

« Finalement, se dit Pipo, c'est peut-être qu'elle s'ennuie. Je vais la prendre avec moi, piquée dans la boutonnière de mon veston, comme les autres avec leurs fleurs effrontées. »

Sous le chapiteau

croc-en-jambe : croche-pied.

faucher sa course : l'arrêter net.

une rampe : une rangée de projecteurs, au spectacle.

fascinés : charmés, émerveillés.

Et Pipo s'élance sur la piste. Le croc-en-jambe* habituel vient faucher sa course*, le clown trébuche, va tomber… L'assistance prépare un rire… Ah, non, il se redresse, court sur la pointe de ses chaussures comme s'il était monté sur des échasses.
«Ooohhh ! fait le cirque, et il en oublie de rire.
– Eh, pense Pipo, je ne veux pas abîmer ma fleur.»

Les rais des projecteurs se croisent et s'entrecroisent dans un fantastique ballet de lumières. C'est que les techniciens ont du mal à suivre les évolutions du clown.
«On aurait pu nous prévenir que Pipo avait changé son numéro», se renvoient-ils d'une rampe* à l'autre.
Pipo ne pense qu'à protéger sa fleur. Quand Paillasse lui demande de tenir l'énorme élastique pour, soi-disant, mesurer le chapiteau, Pipo lâche son bout une seconde avant l'autre. L'élastique saute en l'air, se tord comme un serpent, retombe et continue à s'agiter telle une queue de lézard coupée. Certains rient, mais la plupart sont fascinés* par la scène du gros fil. Les clowns blancs, eux aussi, s'émerveillent devant ce qu'ils croient être le fruit du hasard.
«Cette scène, il faut la garder», songe Tartuffio en envoyant bouler le chapeau de Pipo d'une claque par-derrière. Pipo se penche.
«Attention, se rappelle-t-il, ma fleur va tomber.»
Alors, d'un coup de pied, il projette son melon contre le parapet de la piste. Le chapeau rebondit, lui revient dans la main.

Les enfants se sont levés. Est-ce bien le même clown ? Celui-là est un acrobate, un magicien… A moins que ce ne soit un coup de chance. Non, il recommence, ça marche à nouveau : c'est bien un numéro. Pas d'erreur, c'est Pipo.

C'est un jeu pour lui de faire un saut périlleux arrière pour éviter les vilaines petites fleurs bleues qui crachent leur eau. Les clowns blancs se regardent, s'interrogent, haussent les épaules. Pipo est maintenant le maître de la piste. Et il rit, il rit, il rit de leur surprise, même si ses lèvres ne bougent pas. Il rit avec son cœur, et il sent que la fleur rouge piquée

Sous le chapiteau

dessus puise des forces nouvelles dans sa joie silencieuse. Au moment où il s'envole pour bondir sur le cheval, il se dit qu'il ne doit pas tomber. Ses immenses souliers l'aident à trouver son équilibre : l'un s'accroche au flanc de l'animal tandis que l'autre prend appui sur son dos. Il lève une jambe, il tient, il a réussi ! C'est un tonnerre d'applaudissements et de musique qui l'accompagne dans son tour de piste.

« C'est beaucoup plus amusant, crie-t-il. »

Et les vivats* éclatent parce qu'enfin le clown a souri. Il a souri dans son sourire : son vrai visage vient de percer le maquillage.

Au fil des jours, au fil des spectacles, la fleur reprend vie et Pipo avec elle.

D'après Alain Surget, *La fleur du clown*
Rageot-Éditeur, 1992.

les vivats : les acclamations.

Bonnes questions !

1. A quoi Pipo voit-il que sa fleur dépérit ?

2. Pipo sait-il pourquoi sa fleur dépérit ? La suite de l'histoire lui donne-t-elle raison ? Justifie ta réponse.

3. Quelle est la plus grande préoccupation de Pipo lorsqu'il porte sa fleur à la boutonnière ?

4. Ce deuxième texte permet de mieux comprendre quel était le problème de Pipo. Que lui a donc apporté la fleur ?

Sous le chapiteau

les clowns

Le clown, favori des enfants, arrive sur la piste pour la plus grande joie de tous. Il déchaîne les rires par ses vêtements ridicules, ses habiles maladresses et sa fausse naïveté. Après un numéro dangereux, il détend le spectateur et retient son attention pendant que des employés installent les accessoires du numéro suivant.

L'auguste fait toujours semblant d'être stupide. Accoutré d'une manière ridicule (vêtements bariolés, chaussures trop grandes, maquillage grotesque), il reçoit des tartes à la crème, de l'eau, des gifles, mais il s'en sort toujours !

Le clown blanc, superbe dans son riche costume à paillettes qu'il craint toujours d'abîmer, joue en duo avec l'auguste. Autoritaire, raisonneur, il malmène quelque peu son partenaire qui fait tout rater par ses maladresses ou fait semblant de ne rien comprendre.

C'est à son visage entièrement maquillé de blanc qu'il doit son nom.

1. Au cirque, on peut voir deux sortes de clowns, lesquelles ?
2. Quel type de clown te paraît le plus amusant ? Pourquoi ?

Sous le chapiteau

5 La lune sous le chapiteau du cirque

Un soir, la lune s'ennuyait tellement qu'elle fut gagnée par une immense mélancolie.

Alors, elle décida de sortir pour se distraire un peu. Du haut du ciel, elle avait souvent observé l'arrivée des forains avec leur grand chapiteau qu'ils installaient en un temps record. Le soir, des centaines de spectateurs ne tardaient pas à affluer* de tous côtés. La lune était émerveillée par les grands faisceaux lumineux multicolores qui éclairaient l'entrée du cirque au début de chaque représentation. A l'intérieur du chapiteau, la musique battait son plein, les lions rugissaient et les spectateurs enthousiastes* poussaient des cris en applaudissant.

La lune avait souvent entendu tout cela et bien d'autres choses encore qui lui paraissaient fort étranges. Elle avait une envie folle de savoir ce qui se passait réellement à l'intérieur du chapiteau.

Elle prit son courage à deux mains, descendit du ciel et alla frapper à la fenêtre de la caisse. Une dame entrouvrit la vitre et lui demanda ce qu'elle voulait.

«Je suis la lune, dit-elle, et j'aimerais voir une représentation.
– Je ne suis pas sûre que ce soit possible, répondit la dame.
– Et pourquoi pas ? demanda la lune.
– Parce que je n'ai que des billets d'entrée pour enfants et pour adultes, pas pour la lune.

affluer : arriver en grand nombre.

enthousiastes : passionnés, joyeux.

– Billet d'entrée ? répéta la lune. Pourquoi aurais-je besoin d'un billet d'entrée lorsque je viens sur terre alors qu'il ne vous en faut pas quand vous venez chez moi ?

25 – C'est exact, répondit la dame. Je vais en parler au directeur.

– Monsieur le Directeur, la lune aimerait assister à une représentation.

– Sans billet, je ne laisse entrer personne.

– Même pas la lune ?

30 – Non, même pas la lune.

– Mais sans doute peut-elle nous éclairer ?

– C'est vrai. Cela nous ferait faire des économies d'électricité…

– Alors, puis-je la laisser entrer ? demanda la dame.

– C'est d'accord, répondit le directeur.

35 – Vous pouvez entrer, lune, dit la dame. Mais uniquement si vous nous éclairez bien.»

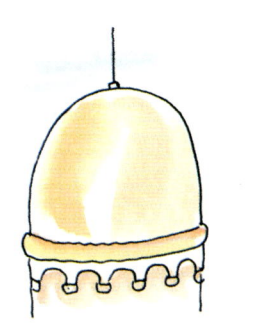

Dès qu'elle fut dans le chapiteau, la lune s'envola dans la coupole* et se mit à éclairer. Ses rayons étaient tellement éclatants que tous les spectateurs furent éblouis et se 40 demandèrent si le cirque avait de nouvelles lampes. Mais soudain, ils aperçurent la lune. Elle était immense. Jamais ils ne l'avaient vue d'aussi près.

Ce soir-là, tout le monde fut évidemment un peu distrait. Personne ne put s'empêcher de lever de temps à autre 45 les yeux vers la coupole du chapiteau. L'écuyère faillit tomber de son cheval et les funambules eurent beaucoup de mal à garder l'équilibre sur leur corde. Les musiciens n'arrivaient pas à se concentrer convenablement sur leur partition*, de sorte qu'ils jouèrent comme des casseroles. Seul le clown parvint à 50 improviser* quelques nouvelles plaisanteries sur la lune et c'est elle-même qui en rit le plus.

Une fois la représentation terminée, lorsque tous les spectateurs eurent quitté le chapiteau, la lune voulut aussi s'en aller. Mais au moment où elle se dirigeait vers la sortie, le 55 directeur du cirque lui cria :

«Un instant ne partez pas comme ça ! J'ai réfléchi. J'ai un travail pour vous. Vous nous offrez un superbe éclairage, de plus

coupole : toit en forme de coupe renversée.

une partition sur un pupitre.

improviser : inventer sans préparation.

Sous le chapiteau

60 vous êtes une grande attraction pour mon cirque. Peut-être pourrions-nous inventer un nouveau numéro : un voyage en fusée vers la lune ou une idée de ce genre !
Mais la lune ne se laissa pas faire.
– Peut-être qu'un jour vous me rencontrerez… au clair de la terre, répondit-elle simplement. Puis elle s'envola à nouveau dans les cieux.»

D'après Heinrich Hannover, *13 histoires de cirque à lire aux heures de lune* © Casterman.

Les phases de la lune

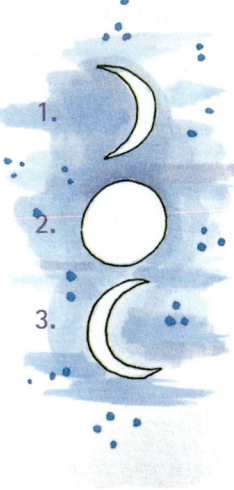

La lune n'est pas lumineuse, c'est le soleil qui l'éclaire. Nous voyons des portions plus ou moins grandes de la lune selon sa position par rapport au soleil. On dit :
• *premier quartier* • *pleine lune* • *dernier quartier* • *nouvelle lune.*
Comment les reconnaître ?

• *figure 1 : trace une ligne imaginaire entre les deux cornes de la lune. Prolonge-la vers le bas, tu obtiens un p* comme Premier quartier.

• *figure 2 : tu reconnais facilement la* pleine lune.

• *figure 3 : trace une ligne imaginaire entre les deux cornes de la lune. Prolonge-la vers le haut, tu obtiens un d* comme dernier quartier.

• *Quand la lune n'est pas visible dans le ciel, c'est la* nouvelle lune.

Bonnes questions !

1. Pourquoi la lune veut-elle descendre sur la terre ?
2. A quelle condition le directeur accepte-t-il que la lune entre sans payer ?
3. Les artistes sont distraits par la présence de la lune ; qu'arrive-t-il à l'écuyère ? aux funambules ? aux musiciens ?
4. La lune parle du «clair de terre» ; et nous, que disons-nous ?
5. Peux-tu expliquer la réponse de la lune à la caissière *(ligne 22)*.

Sous le chapiteau

6 Vif-Argent

Le chiot Vif-Argent habite dans une ferme où ses bêtises n'amusent pas toujours. Un jour, il suit son maître à la ville et entre dans un cirque.

Le cirque était petit. On n'était pas mal à l'intérieur. Autour de la piste, il y avait seulement des chaises. Vif-Argent se glissa sous elles et alla se cacher entre deux caisses, au premier rang. Pas plus les spectateurs que les artistes ne pouvaient le voir.

Dans le fracas de la musique, deux enfants exécutèrent un numéro avec des ballons énormes sur lesquels ils bondissaient. Vif-Argent sentait des chatouillis dans ses pattes. Ah ! s'il pouvait courir sur cette piste toute ronde, éclaboussée de lumière ! Puis, une fille monta le long d'un mât pour aller marcher sur un fil de fer. Elle était si petite que, tout là-haut, on aurait dit un moineau.

Les spectateurs applaudirent. Vif-Argent eut bien envie d'aboyer, mais d'autres aboiements résonnèrent sur la piste. Un homme y faisait irruption*, flanqué de trois petits chiens, fragiles, nerveux. L'homme salua le public. Et Vif-Argent fixa les yeux sur ses congénères* : qu'étaient-ils capables de faire ? Sur un ordre de leur maître, ils dansaient sur les pattes de derrière, tournaient, bondissaient les uns par-dessus les autres. Ils se poursuivaient ou poursuivaient une balle. Le public n'applaudissait qu'à moitié.

Vif-Argent se souvint tout à coup qu'il savait faire quelque chose dont ces bestioles étaient incapables : la cabriole ! Et s'il cabriolait devant cette foule ? Eh bien, le succès serait éclatant !

Vif-Argent bondit hors de sa cachette et, d'un saut immense atterrit au milieu de la piste. Tout le monde crut que cela faisait partie du numéro. Les applaudissements éclatèrent. « A peine j'apparais et on applaudit ! Qu'est-ce que ça va être après ! »

faire irruption : entrer brusquement.

congénère : qui appartient à la même espèce.

Sous le chapiteau

30 Pour l'éjecter de la piste, l'homme aux chiens fit claquer son fouet. Mais Vif-Argent lui échappa et tenta de revenir au milieu. Les spectateurs éclatèrent de rire : ce chien était le clown de la troupe !

Lorsque enfin il parvint au centre, Vif-Argent fit une, deux,
35 trois cabrioles. Le dompteur cessa de le poursuivre. Sous un feu nourri d'applaudissements, Vif-Argent, la langue pendante, prenait son élan avec les pattes de derrière, pliait un peu les pattes de devant, baissait la tête et… Hop ! Une galipette ! Pour terminer, il effectua un tour de piste, enchaînant cabriole sur cabriole. Il sortit de scène à la suite des petits chiens.

40 Les applaudissements l'assourdissaient encore quand il se sentit étranglé par une corde. Il tenta de s'en libérer, mais en vain. Plus il se débattait, plus il s'étranglait. On lui mit une muselière si étroite qu'elle l'empêchait d'aboyer, puis on l'entraîna dans une roulotte. Le dompteur attacha Vif-Argent au
45 pied de sa couche, puis quitta la roulotte en fermant la porte. Vif-Argent griffait inutilement la muselière. Il voulait se libérer, s'échapper. Il savait que l'homme qui le retenait l'avait volé pour l'enrôler dans son cirque. Où comptait-il l'emporter ?

D'après Josep Vallverdu, *Vif-Argent*
Castor Poche, Flammarion, 1989.

Que va devenir le brave Vif-Argent ? Tu as déjà compris qu'il a plus d'un tour dans son sac ! Pour savoir comment il se sortira de ce mauvais pas, lis le roman de Joseph Vallverdu.

Bonnes questions !

1. Pourquoi Vif-Argent sent-il des «chatouillis dans ses pattes» ?
2. Que pense Vif-Argent du numéro de ses congénères ?
3. Pourquoi le dompteur cesse-t-il de poursuivre Vif-Argent ?
4. A ton avis, quelles sont les intentions du montreur de chiens ?
5. Vif-Argent a-t-il eu raison de montrer son savoir-faire ?

Sous le chapiteau

7 Nous ne suivrons pas le cirque

**Yoska et sa famille sont des «gens du voyage».
Yoska raconte...**

Vers midi, ce jour-là, mon père arrive, l'air joyeux, dans la caravane où ma mère s'occupe de petite sœur.
«Une bonne nouvelle ! annonce-t-il. J'ai rencontré la famille Reinhardt, celle qui possède le cirque, tu te souviens ?
– Les Manouches*, dit ma mère.
– C'est ça, les Manouches. Ils m'ont proposé de travailler avec eux ; ils cherchent quelqu'un pour s'occuper du matériel, des voitures, de l'électricité... Ça te plairait que j'accepte ?»

Je dresse l'oreille, alléché par cette perspective. Mais ma mère, elle, devient toute pensive. Elle objecte :
«Les cirques ambulants n'ont pas d'avenir, ils meurent les uns après les autres à cause de la télé.
– C'est vrai, mais les Reinhardt se défendent bien : ils ont un bon programme. Et, si ça ne marche pas, on s'en ira, voilà tout.»
Ma mère baisse la tête, pince les lèvres. La proposition des circassiens* ne lui sourit pas beaucoup. Mon père cherche à l'amadouer*.
«Cet après-midi, nous irons au spectacle. Ils nous ont invités.»
Voilà qui me remplit d'une satisfaction profonde. Manuel aussi, à qui je vais annoncer la nouvelle. Mais sa joie à lui fait vite place à une certaine inquiétude :
«Si nous travaillons avec le cirque, nous serons toujours *sur le voyage*», dit-il.
Je comprends : mon frère pense encore à son école. C'est sûrement à cause de ça que ma mère n'est pas contente.

L'après-midi, nous allons donc au cirque. Le chapiteau est installé sur un grand terrain près du village et, ma foi, les gens viennent assez nombreux assister à la représentation.

les Manouches : les gitans.

les circassiens : les gens du cirque.

amadouer quelqu'un : essayer de convaincre ou de calmer quelqu'un en lui disant des paroles gentilles.

Sous le chapiteau

Les haut-parleurs nous étourdissent jusqu'au moment où paraît M. Loyal. Il annonce le début du spectacle : une écuyère fait tourner son cheval sur la piste ; elle se tient droite sur son dos, jongle avec des cerceaux…

On applaudit beaucoup. Ensuite, viennent deux clowns, accompagnés d'un vrai chameau. Les clowns racontent des histoires, se donnent des claques, mais c'est surtout le chameau qui déchaîne les rires. Il est drôlement bien dressé.

Après le spectacle, mes parents vont discuter avec les propriétaires. Manuel et moi, nous allons voir les lions. Alors que nous échangeons quelques commentaires sur la taille des dents du chameau enfermé dans la cage voisine, ma mère nous appelle. Mon père est en train d'annoncer aux Reinhardt : «Je vous donnerai ma réponse demain matin.»

Nous remontons en voiture ; c'est durant le trajet du retour que ma mère dit à mon père sa façon de penser : «Nous sommes des nomades, soit, et nos anciens ont toujours voyagé. Mais la vie change, nous n'avons pas le droit d'empêcher nos enfants d'apprendre et de choisir ce qu'ils veulent faire. Manuel ira à l'école. Yoska également ; pour cela, nous nous arrêterons quelque part, où tu voudras à condition qu'il y ait une école à côté. Nous ne suivrons pas le cirque. Plus tard seulement nous reprendrons la route.»

Le temps passe, aucune réaction ne se produit, et nous comprenons alors que ma mère a gagné la partie.

D'après Bertrand Solet, *La flûte tsigane*
Castor Poche, Flammarion, 1982.

Bonnes questions !

1. Pourquoi la vie de Yoska et de sa famille est-elle différente de la nôtre ?
2. La mère de Yoska s'oppose au projet de son mari. Pourquoi ?
3. Que propose la mère pour faire accepter sa décision par son mari ?

LA PETITE LIBRAIRIE

Maud, l'enfant du cirque**

Alain Chenevière,
Collection Destins d'enfants
Hachette Jeunesse, 1994.

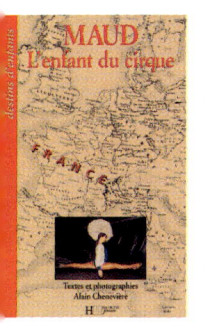

Faire partie de la célèbre famille Gruss, grandir dans l'atmosphère du cirque, c'est rêver d'entrer soi-même en piste. Dans ce livre tu verras comment Maud Gruss, dès l'âge de trois ans, a décidé «de se lancer dans l'aventure» et combien l'apprentissage du métier de fil-de-fériste est difficile.
Le livre contient de belles photos de Maud et des siens et un dossier intéressant sur le cirque.

La grande parade du cirque***

Pascal Jacob,
Découvertes n°134
Gallimard, 1992.

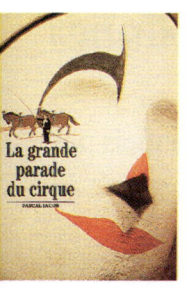

Pour tout savoir sur le cirque, de ses origines à nos jours. De belles illustrations accompagnées d'un commentaire intéressant que tu pourras lire. Un livre un peu difficile tout de même, à lire entièrement plus tard.

Treize histoires de cirque à lire aux heures de lune*

Heinrich Hannover,
Casterman, 1989.

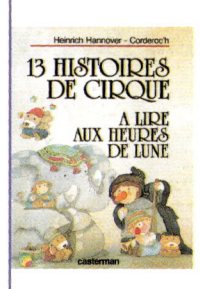

Si tu as aimé le texte *La lune sous le chapiteau* et si tu as du mal à lire un gros livre, ces histoires courtes et simples te conviendront. Tu pourras facilement en lire une, chaque soir, avant de t'endormir.

Le cirque Manzano**

Lorris Murail,
L'École des loisirs, 1992.

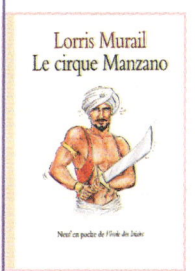

Pour secourir leur ami Fred kidnappé par un magicien coléreux, Caroline et Adrien se faufilent en pleine nuit dans le campement des gens du cirque. Ils y font des rencontres tantôt étonnantes, tantôt effrayantes... Avec ces enfants, on est transporté dans l'univers du cirque, les roulottes, le chapiteau, les numéros, et en même temps, on partage leur aventure pleine de suspense. Retrouveront-ils Fred ?

Père Loup**

Michel Grimaud,
Collection Castor Poche
Flammarion, 1992.

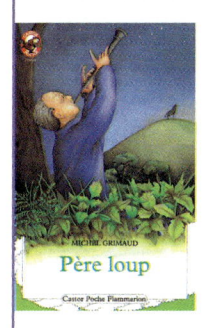

Les tours d'Antoine, le vieux clown, n'amusent plus beaucoup les enfants et Bailli, le directeur du cirque, l'accable de reproches. Le seul ami d'Antoine, c'est Olaf, un vieux loup de 14 ans qu'il a recueilli tout petit. Quand le méchant Bailli déclare qu'il ne veut plus nourrir Olaf et va l'abattre, Antoine décide de fuir. Un jeune garçon, Vincent, va venir en aide aux deux compagnons. Une très belle histoire d'amitié.

La fleur du clown*

Rageot-Éditeur, 1992.

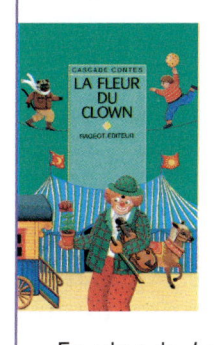

Cinq contes courts, écrits par cinq auteurs différents et ayant tous un rapport avec l'univers du cirque.
En plus de *La fleur du clown*, tu trouveras *La chatte de gouttière*, *L'écuyère*, *Animal Circus* et *Les malheurs du magicien*.

Sous le chapiteau 127

atelier

Vocabulaire — les adjectifs en -eux

> Un garçon tire les poils du dos de Martin. Il fait preuve d'**audace** : il est **audacieux.**

1 Forme des adjectifs en *-eux* à partir des noms suivants :
- crème • lait • courage • peur • épine • soin • brume • pluie • orage • paresse

2 Complète les phrases en remplaçant les mots en caractères gras par un adjectif en *-eux.*

a. Je marche sur le sol …   (couvert de **boue**)
b. Aujourd'hui, le ciel est …   (couvert de **nuages**)
c. C'est un jeu …   (qui comporte des **dangers**)
d. L'albatros est un oiseau …   (plein de **majesté**)

3 Complète par un adjectif en *-eux* que tu écriras au masculin puis au féminin

un tissu …   une étoffe …   (semblable à de la **soie**)
un garçon …   une fille …   (plein de **générosité**)
un éclair …   une enseigne …   (qui produit de la **lumière**)
un dompteur …   une journaliste …   (qui a du **courage**)

> **Remarque orthographique** : tous les adjectifs en *-eux* font leur féminin en **euse**. Seule exception : **bleu** ne prend pas de **x** et s'écrit **bleue** au féminin.

Le dictionnaire — chercher des mots de la famille de «lune»

Parmi les mots suivants, cherche dans le dictionnaire le sens de ceux que tu ne connais pas.
- lunaire • luné • lunatique • lundi

Complète les phrases puis range ces quatre mots dans l'ordre alphabétique.

• Mon voisin est très … . Un jour, il me sourit et le lendemain, il m'ignore.

• Léo est de très mauvaise humeur : «Comme tu es mal …» lui dit sa maman.

• En quittant la fusée, les cosmonautes ont découvert un paysage…

• Parmi les sept jours de la semaine, le … est le jour de la lune.

Sous le chapiteau

atelier

Expression écrite — Reconstitution de texte

> La bouche large comme un tiroir, deux carrés blancs autour des yeux, une tomate en guise de nez, Bubu tapait sur une boîte de conserve avec une cuillère.
> Les semelles de ses énormes chaussures se décollaient à chaque pas. Une épingle à nourrice géante fermait son veston à carreaux verts et rouges. Il perdait son pantalon et on voyait son caleçon troué.
> Le public s'étranglait de rire.
>
> Henri Troyat, *La grive*.

1 Questions sur le texte :
- Que fait l'auteur dans ce passage ?
- Comment s'appelle ce clown ?
- Quels traits de son visage sont précisés ?
- Quels éléments de son costume sont décrits ?
- Quel nom désigne l'ensemble des spectateurs ?

2 Reconstitution du texte :
Lis et étudie les phrases une à une. Ensuite essaie de les redire de mémoire.

Première phrase :
- Quelle expression est employée pour dire «à la place du» ?
- Que dit-on de :
la bouche ? des yeux ? du nez ?
- Que faisait Bubu ?

Deuxième phrase :
- Comment étaient les chaussures de Bubu ?
- Que se passait-il quand il marchait ?

Troisième phrase :
- Décris le veston de Bubu.
- Comment fermait-il ?

Quatrième phrase :
- Quel détail amuse beaucoup le public ?
- Que voyait-on ?

Cinquième phrase :
- Comment le public réagissait-il ?

3 Après avoir relu le texte entièrement plusieurs fois, essaie de le reconstituer par écrit sans le regarder.

Sous le chapiteau

Dans ce chapitre, tu liras les histoires suivantes…

1 *L'arrivée de Jehan le trouvère* [1]

Bertrand Solet……….page 134

2 *Jehan de Loin au château* [2]

Bertrand Solet………….page 137

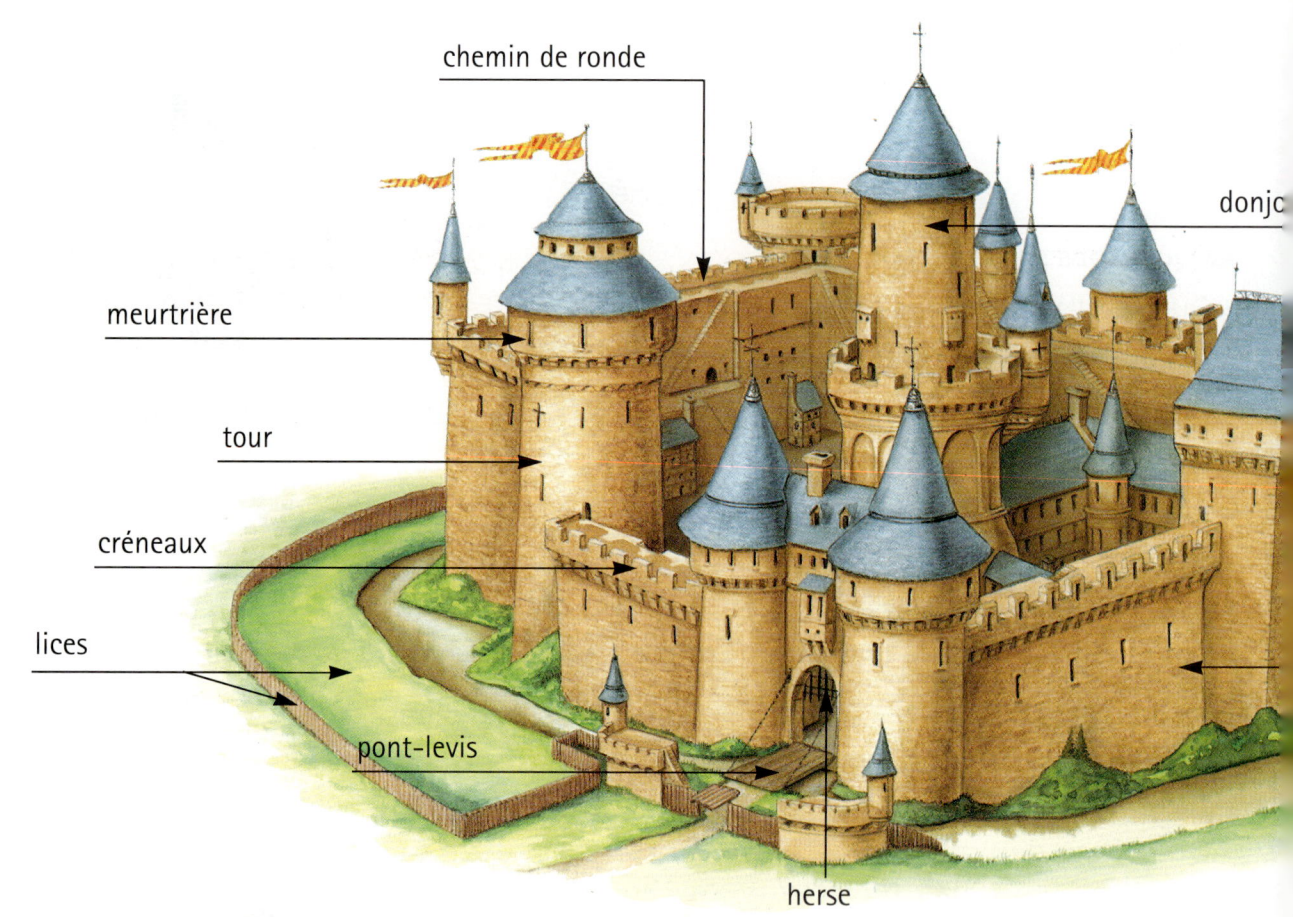

chemin de ronde
donjon
meurtrière
tour
créneaux
lices
pont-levis
herse

4 *À l'abri des remparts* [1]

Jean-Côme Noguès…………….page 144

5 *À l'abri des remparts* [2]

Jean-Côme Noguès…………….page 146

A l'abri des remparts

3 *Jehan au festin du Comte Louis [3]*
Bertrand Solet............page 140

mâchicoulis

courtines

douves

Poésie 132
Lectures .... 134 à 152
Lire pour en savoir plus : De la table seigneuriale au festin d'aujourd'hui 143
La petite librairie 153
Atelier .... 154 • Vocabulaire : le château fort • Le dictionnaire • Expression écrite : une histoire en images

6 *Des jeux de guerre*
P. Brochard et E. Krähenbühl................page 149

Poésie

Le Ménestrel

Errant de ville en ville,
Un pauvre ménestrel
Va cherchant un asile
De castel en castel.
Sur sa viole légère
Il redit tour à tour
Ses nobles chants de guerre,
Ses plus beaux chants d'amour.

Sensible à sa prière
De grâce accordez-lui
L'asile tutélaire
Qu'il réclame aujourd'hui
Il saura, pour vous plaire,
Redire tour à tour
Ses nobles chants de guerre
Ses plus beaux chants d'amour.

Il n'offre en récompense
D'un généreux effort
Que la reconnaissance
Seul bien des troubadours
Sur sa viole légère
Il dira tour à tour
Ses nobles chants de guerre
Ses plus beaux chants d'amour.

Romance du 18e siècle.

Chanson de Barberine

Beau chevalier qui partez pour la guerre,
      Qu'allez-vous faire
      Si loin d'ici ?
Voyez-vous pas que la nuit est profonde,
      Et que le monde
      N'est que souci ?

Beau chevalier qui partez pour la guerre,
      Qu'allez-vous faire
      Si loin de nous ?
J'en vais pleurer, moi qui me laissais dire
      Que mon sourire
      Était si doux.

Alfred de Musset, *Poésies nouvelles*, 1852.

Le petit joueur de flûteau

Le petit joueur de flûteau
Menait la musique au château.
Pour la grâce de ses chansons
Le roi lui offrit un blason
Je ne veux pas être noble
Répondit le croque-note
Avec un blason à la clé
Mon "la" se mettrait à gonfler
On dirait par tout le pays
Le joueur de flûte a trahi. […]

Je ne voudrais plus épouser
Ma promise, ma fiancée
Je ne donnerais pas mon nom
A une quelconque Ninon
Il me faudrait pour compagne
La fille d'un Grand d'Espagne
Avec une princesse à la clé
Mon "la" se mettrait à gonfler
On dirait par tout le pays
Le joueur de flûte a trahi.

Le petit joueur de flûteau
Fit la révérence au château
Sans armoiries, sans parchemin,
Sans gloire, il se mit en chemin
Vers son clocher, sa chaumine,
Ses parents et sa promise.
Nul ne dise dans le pays
Le joueur de flûte a trahi
Et Dieu reconnaisse pour sien
Le brave petit musicien.

Georges Brassens,
éd. Tutti et éd. Musicales, 1957.

Le retour du roi

Casque de fer, jambe de bois,
Le roi revenait de la guerre.
Jambe de bois, casque de fer,
Il claudiquait, mais chantait clair
A la tête de ses soldats.

Soie de Nemours, velours de Troie,
La reine attendait sur la tour.
Velours de Troie, soie de Nemours,
La reine était rose de joie
Et riait doux comme le jour.

Souliers troués, fleur au chapeau,
On dansait ferme sur les quais.
Fleur au chapeau, souliers troués,
Le vent faisait claquer l'été
Sur les places comme un drapeau.

Fifres au clair, tambour battant,
Le roi marchait tout de travers.
Tambour battant, fifres au clair,
Il n'avait pas gagné la guerre,
Mais il en revenait vivant.

Maurice Carême, La grange bleue
© Fondation Maurice Carême.

A l'abri des remparts

1 L'arrivée de Jehan le trouvère [1]

L'homme marchait d'un pas ferme sur le sentier à peine tracé, trouant la forêt en ligne droite.

Ses pieds chaussés de larges bottes s'enfonçaient dans la boue et dans les tas de feuilles gisantes*, jaunies par l'automne. Il marchait.

Son corps était couvert d'une épaisse tunique de peau, serrée à la taille par une ceinture où pendait une longue épée enfoncée dans son fourreau. Sur son dos : une besace* et une viole* enveloppée de toile. Dans sa main droite : un bâton noueux. Dans sa main gauche : le bout d'une chaîne. Et au bout

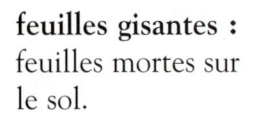

feuilles gisantes : feuilles mortes sur le sol.

une besace : un sac.

une viole : un instrument de musique ancien.

À l'abri des remparts

10 de la chaîne, un gros ours brun qui suivait paisiblement son maître, tournant parfois la tête pour humer sur l'herbe des
15 traces anciennes de bêtes passées par là.

Le sentier montait en pente parfois raide. Ils marchè-
20 rent longtemps. Puis les arbres s'éclaircirent. L'homme et l'ours arrivèrent au sommet d'une sorte de colline boisée. Il y soufflait un
25 petit vent humide et perçant. L'homme s'arrêta, leva la tête.
«Regarde, Colosse, dit-il en s'adressant à l'ours. Nous voilà presque arrivés.»

A l'horizon, dans la plaine, distantes de deux à trois portées de flèche, s'élevaient les tours d'un puissant château.
30 Un fossé plein d'eau en faisait le tour. Sur le pont-levis baissé veillaient des soldats en armes.
«C'est là que tu danseras demain, continua l'homme. C'est là que je jouerai et que je chanterai, pour le puissant seigneur de Maldoret, sa fille, ses invités…»
35 L'ours agita la tête et grogna comme s'il comprenait.
«Nous mangerons à notre faim, Colosse, et puis nous repartirons, vers un nouveau château, à travers d'autres plaines, à travers d'autres forêts, en allant vers le Sud parce que l'hiver approche. Il paraît que dans le Sud, plus loin que le royaume de France,
40 non seulement il y a du soleil, mais la vie y est plus douce.»

L'homme se tut pour mieux regarder : en bas, au château, les soldats s'écartaient précipitamment. Une troupe de chevaliers passait le pont-levis et s'élançait dans la campagne. Les cavaliers étaient vêtus de cottes de mailles, armés de

A l'abri des remparts 135

des gens d'armes : des soldats. Ces deux mots réunis ont formé le mot *gendarme*.

lances, d'arcs et d'épées. Le fer tressé emprisonnant leurs têtes tombait jusqu'à leurs épaules.

«Je n'aime pas les troupes de gens d'armes*, Colosse, dit l'homme. En général, elles ne présagent rien de bon. Mais cela ne nous regarde pas. Tiens, nous allons passer la nuit au bord de ce ruisseau. Couche-toi là et ne bouge pas. Je vais ramasser des branches, allumer un feu et construire un abri. Il y a des nuages.»

(à suivre)

Ainsi parlait Jehan de Loin le trouvère, s'adressant à Colosse, son fidèle compagnon près duquel il s'apprêtait à passer la nuit. Avait-il raison de se méfier des gens d'armes ? La suite de l'histoire le dira.

Bonnes questions !

1. Jehan est un trouvère : relève, dans le texte, les renseignements qui indiquent ce qu'il fait et le genre de vie qu'il mène.
2. A quoi voit-on que l'ours est apprivoisé ?
3. A quelle saison se situe l'histoire ? Quels éléments le montrent ?
4. De quel style de château s'agit-il ? Relève les éléments qui te permettent de l'affirmer.
5. Vers quelle destination le trouvère pense-t-il poursuivre sa route ? Pourquoi ?

Le mot juste

Jehan de Loin est un nomade. Il va de ville en ville, de château en château, par tous les temps.

Retrouve dans le texte ce qui lui permet de :

1. bien marcher dans les sentiers boueux.
2. supporter le froid, le mauvais temps.
3. se défendre d'éventuels dangers.
4. s'aider à marcher.
5. ranger ses affaires personnelles.
6. présenter son spectacle.

A l'abri des remparts

2 Jehan de Loin au château [2]

Avec l'aube, Jehan de Loin s'était levé. L'eau du ruisseau voisin servit à une toilette rapide.

En ce temps-là, l'habitude était de s'habiller le matin, de pied en cap*, et de ne laver ensuite que ce qui dépassait des vêtements. L'homme et l'ours, l'un derrière l'autre, s'en allèrent sans bruit vers le château de Maldoret.

5   Le chemin fut bientôt parcouru. Leur arrivée provoqua un joyeux remue-ménage : on les accueillit à bras ouverts, les distractions étant rares. Dès que le trouvère eut franchi le pont-levis, les nombreux habitants du château accoururent, très animés, faisant cercle mais à distance respectueuse pourtant, à 10 cause de l'ours. Celui-ci, debout sur ses pattes de derrière se dandinait gauchement* à la grande joie générale. Jehan souriait et plaisantait avec tout le monde.

Le capitaine Jérôme d'Enfer arriva lui aussi en toute hâte, écartant les curieux sans ménagement, se frayant un che-15 min à rudes coups d'épaule.

de pied en cap : des pieds à la tête.

gauchement : maladroitement.

A l'abri des remparts

«Salut à toi, trouvère ! cria-t-il de sa voix la plus gracieuse. Monseigneur Louis te remercie d'être venu à temps. Il espère que tu te plairas ici et que tu resteras longtemps afin de nous divertir.» Jehan de Loin inclina sa haute taille.

«Merci à vous, capitaine, et à la courtoisie* de votre accueil. Dites à monseigneur Louis que je suis son serviteur et que nous ferons de notre mieux pour le satisfaire, Colosse mon ours, et moi-même.

– La belle bête, fit Jérôme d'Enfer en s'approchant. Savez-vous, trouvère (il parlait assez fort, pour que tous puissent l'entendre), savez-vous que dans ma jeunesse, j'ai lutté, à mains nues*, contre une bête semblable ? Et c'est moi, vous entendez, qui ai fait toucher terre à ses épaules poilues.»

Il s'avança, fanfaron*, levant le menton. L'ours le regarda et grogna. Soudain, d'un geste prompt, sa lourde patte s'allongea et s'abattit sur l'épaule du capitaine qui chancela sous le coup et recula précipitamment. Un grand cri jaillit de la foule.

«Corbleu ! hurla le capitaine, retiens ta bête !»

Il avait eu plus de peur que de mal. Jehan tirait déjà sur la chaîne de fer. Colosse se laissa tomber sur ses pattes et ne bougea plus.

«Vous lui avez fait peur, dit le trouvère en cachant un sourire. Ou alors c'est un parent de celui que vous avez vaincu.

– Il n'y a pas de mal, grogna Jérôme d'Enfer, vexé. Viens. On va te montrer ton logement et t'apporter à manger. Tu pourras te préparer tranquillement pour la fête de ce soir.»

Ils s'éloignèrent vers le donjon. La foule se disloqua*. Mais tout au long de la journée, l'un après l'autre, presque tous les habitants du château, valets, gardes, servantes, chacun s'efforça de venir coller une oreille à la porte de Jehan de Loin, ou de jeter un coup d'œil curieux

---

la courtoisie : l'amabilité, la politesse.

à mains nues : sans armes.

fanfaron : vantard.

se disloquer : s'éparpiller.

A l'abri des remparts

le timbre : la sonorité.

dans un coin d'écurie où Colosse dormait sur un tas de paille. Si Colosse dormait, le trouvère, lui, assis sur un banc près de la fenêtre, regardait le paysage, accordait sa viole et chantait. Sa voix, au timbre* profond et doux, disait l'une après l'autre toutes les douleurs et toutes les douceurs du monde.

A l'étage au-dessous, Mahaut, la fille du comte de Maldoret, n'arrivait guère à faire autre chose qu'écouter elle aussi, les yeux perdus, les pensées voyageuses, laissant glisser de ses genoux sa broderie multicolore.

(à suivre)

Le lendemain soir, le comte et ses invités pourront apprécier les talents du trouvère. Mahaut qui s'ennuie souvent au château, sera ravie de se distraire un peu.

Bonnes questions !

1. Comment le trouvère et son ours sont-ils accueillis au château ? Pourquoi ?
2. Comment se comporte Jérôme d'Enfer
   - lorsqu'il va à la rencontre du trouvère ?
   - lorsqu'il voit l'ours ?
   - lorsque l'ours lui donne un coup de patte ?
3. Penses-tu que Colosse ait eu peur de Jérôme d'Enfer ? Le trouvère le pense-t-il vraiment ? A quoi le vois-tu ?
4. Que fait le trouvère en attendant le soir ? Pourquoi ?
5. Comment Mahaut réagit-elle en entendant les chansons de Jehan de Loin ?

A l'abri des remparts

3 Jehan au festin du comte Louis [3]

Le cor sonna pour avertir les invités que l'eau allait être donnée : les serviteurs apportèrent des bassins d'argent, emplis d'eau parfumée.

Chacun se lava les mains et s'assit sur des bancs à dossier, disposés autour de la table.
Cette table croulait sous les amas de victuailles : truites, saumons, anguilles, harengs frais fortement relevés de sauces piquantes, pâtés, lièvres, cochons de lait farcis, langues de cerf, chapelets d'oiseaux : cailles et alouettes. Des vins riches coulaient sans relâche des lourds hanaps* jusqu'au fond des gorges assoiffées ; vins d'Anjou, d'Auxerre, vins précieux venus de la lointaine Espagne.

Un long moment, on n'entendit dans la salle que des bruits de mâchoires en action, et les pas des serviteurs attentifs aux désirs des convives*. Puis, les langues se délièrent*, les ventres une fois repus*.
« Apportez les pâtisseries ! cria Louis de Maldoret, essuyant à la nappe ses mains tachées de graisse. Et que l'on fasse entrer Jehan de Loin le trouvère ! »
Des exclamations d'aise jaillirent tout autour de la table. Mahaut releva la tête. Jehan de Loin entra, suivi de son ours muselé*.

« Salut à toi ! cria encore le comte. Ces nobles seigneurs et ces gracieuses dames sont des amis venus pour se distraire. Montre-nous ce que tu sais faire de mieux. »
Jehan de Loin salua dignement. Il se trouvait au centre de la table en fer à cheval, bien visible aux yeux de tous. Il prit des mains d'un domestique six courtes torches qu'il alluma l'une après l'autre. Alors, les torches semblèrent brusquement animées d'une vie propre, tourbillonnant dans les airs, se croisant, lancées haut et rattrapées au ras de terre. Les invités applaudi-

---

hanap : grand vase à boire en métal.

convives : invités.
les langues se délièrent : les invités se mirent à bavarder.
repus : rassasiés.
muselé : muni d'une muselière.

acérés : tranchants et pointus.

hilarité : gaieté subite.

ils relevaient la tête : ils se révoltaient.

rent son adresse. Puis Jehan jongla de la même façon avec six poignards acérés*. Il les lança pour finir, en gestes précis, à ras de la gueule de l'ours debout près de la porte en chêne. Colosse ne tressaillit même pas. Les applaudissements redoublèrent.

Jehan salua encore et prit enfin sa viole. Un grand silence se fit. L'archet caressa doucement les cordes tandis que s'élevait la voix profonde du trouvère.

Je meurs de soif au bord de la fontaine
Puisque mes yeux te voient
Mais que tu restes, toi,
Toute proche pourtant, et pourtant si lointaine…

Seule Mahaut se laissa prendre à la profonde tristesse de la complainte, ne perdant point des yeux le visage du trouvère. Les autres, seigneurs et belles dames, se sentirent gagnés par une hilarité* énorme, à la vue de l'ours, bien dressé, dodelinant de la tête, appuyant ses pattes de devant contre sa poitrine, imitant à ravir les mimiques d'une dame à qui ce chant s'adressait.

Que ne chanta-t-il encore le trouvère ? Le vin, les tournois, les moissons, les volées de cloches des églises, la campagne verdoyante au printemps, la misère de l'hiver et le premier chant de l'alouette. Là, les seigneurs rirent moins, et certains visages devinrent sombres : le chant de l'alouette commençait de par les campagnes à être le symbole des paysans qui relevaient la tête*.

Chaque soir, j'ai si peur de ne revoir l'aurore
Tant ma nuit est peuplée de monstres effrayants ;
Que chante l'alouette au matin triomphant
J'espère encore, j'espère encore, j'espère tant…

Et puis Colosse se mit à danser, encouragé par son maître. C'était plaisir que de le voir remuer lourdement, en cadence, au rythme de l'archet, accompagné des battements de mains des nobles ravis.

A l'abri des remparts

A ce moment précis, on entendit des cris dehors et Jérôme d'Enfer fit irruption dans la salle, son épée à la main : «Alerte, seigneur comte» hurlait-il.

Dans un fracas de sièges remués, les invités se levèrent, alarmés. «Explique-toi, cria le comte Louis, furieux de voir sa fête interrompue.

70 – Des vilains* attaquent la prison, monseigneur, alors que cette chienne de garde* est ivre morte.

– Bravo, capitaine… Sont-ils nombreux ?

– Je ne crois pas. Quelques-uns.

– Quelques-uns ! hurla un invité, le baron Clément le Noir. 75 Taïaut mes amis ! Sus* aux vilains ! Cela nous fera prendre l'air.

– Allons-y !», cria le comte.

Bertrand Solet, *Jehan de Loin*,
Le Livre de Poche Jeunesse, Hachette.

les vilains : les paysans libres.

cette chienne de garde : cette maudite garde.

sus ! à l'attaque !

Les invités se précipitèrent sur leurs armes. Pour savoir de quel côté se rangea Jehan de Loin et quel rôle joua la belle Mahaut, lis le roman de Bertrand Solet.

Bonnes questions !

1. Quelle cérémonie précède le festin ? Trouve deux détails montrant le caractère raffiné de cet acte.
Cette habitude existe-t-elle encore aujourd'hui ? S'est-elle transformée ?

2. A quoi sert la nappe à cette époque ? A quoi sert-elle actuellement ?

3. A quel moment le trouvère commence-t-il son spectacle ? Quels différents rôles joue-t-il ?

4. Parmi les différents sujets que chante le trouvère, lequel aborde-t-il discrètement ?

5. Les invités sont-ils sensibles au message de Jehan de Loin ? Qu'est-ce qui les intéresse le plus ?

A l'abri des remparts

De la table seigneuriale au festin d'aujourd'hui

Au Moyen Âge, le menu du seigneur avait plusieurs services :

Premier service : la bouche
Pour réveiller l'estomac, on servait du vin et des fruits acides (pommes, cerises aigres ou prunes).

Deuxième service : les potages
Au Moyen Âge, les potages étaient des plats de viandes longuement mijotées dans des pots et parfumées d'épices.

Troisième service : les rôts
Les rôts étaient des viandes ou des volailles rôties à la broche dans les vastes cheminées des châteaux.

Les entremets : une jeune fille présentait ces plats extraordinaires à l'invité d'honneur : plat décoré d'un paon faisant la roue, fruits et confiseries présentés sur un arbre en gâteau… C'était un moment de détente, accompagné de musique.

Quatrième service : la desserte
On proposait un choix de flans, de crêpes, de compotes.

Cinquième service : les issues de la table
A la fin du repas, on servait «l'hypocras», un vin léger, sucré et épicé, avec des gaufres ou des beignets.

Le boute-hors : fruits confits parfumés au gingembre et dragées épicées.

Aujourd'hui :
- Que propose-t-on pour «réveiller l'estomac», c'est-à-dire pour ouvrir l'appétit ?
- Avec quoi fait-on le potage actuellement ? Quel autre nom donne-t-on à ce plat ?
- Pour désigner les viandes cuites à la broche ou au four, on n'emploie plus le terme *rôt*. Quel autre nom de la même famille utilise-t-on ?
- Les entremets ont-ils la même importance qu'au Moyen Âge ? Que désignent-ils ?
- Quelle boisson pétillante sert-on au dessert à la place de l'*hypocras* ?

4 A l'abri des remparts [1]

Martin, un petit paysan, a été emprisonné par le maître fauconnier du seigneur Guilhem Arnal, pour avoir déniché un faucon. Du haut d'une tour, il voit un jour toute une armée se ruer vers le château. Le soldat de guet ne bouge pas, c'est un complot. N'écoutant que son courage, l'enfant saute de la fenêtre et va donner l'alarme.

Dans la campagne, les paysans entendirent le tocsin*. Ceux qui travaillaient se redressèrent. Ils écoutèrent un moment ce bourdon* qui annonçait le malheur. Puis ils jetèrent leur houe* et quittèrent le champ. Ceux qui mangeaient serrèrent contre leur poitrine l'écuelle* où restait un peu de bouillie d'orge, et tous coururent vers le château.
Les femmes hésitèrent moins. Elles rassemblèrent leurs enfants avec des cris, de grands mouvements de bras. Elles ramassèrent les bébés, les fourrèrent au creux de leur jupe avec le croûton de pain noir du déjeuner et prirent, elles aussi, le chemin du refuge seigneurial.

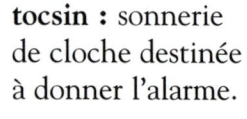

Les paysans, talonnés par la peur, se pressaient sur le pont-levis. L'un voulait faire entrer sa vache, l'autre avait trois moutons à sauver. Ils se bousculaient, frappaient de leurs

---

tocsin : sonnerie de cloche destinée à donner l'alarme.

bourdon : grosse cloche au son grave.

houe : outil pour labourer la terre.

écuelle : assiette creuse, sans bords.

invocations :
prières.

bâtons l'échine des bêtes et le dos des voisins, avec des cris, des jurons et des invocations* adressées au Ciel.
Une fois le pont passé, ils se taisaient. Ils étaient à l'abri des remparts, qu'importait le reste. Y aurait-il eu, sans cette attaque, moins de famine, moins de travail et de misère ?

Une femme, pourtant, continuait de pleurer. Assise sur une botte de paille, les pieds nus dans la boue, elle inspectait chaque fenêtre étroite, chaque échancrure des murailles, dans l'espoir d'y trouver son fils.
« Ne pleure pas, la mère, grogna son mari en posant maladroitement sa grosse patte sur l'épaule de sa femme. On le dit en pénitence. Il est aussi en sécurité. A cette heure, il vaut mieux être dans le château qu'au village.
– Cela fait tant de jours, déjà !
– Messire Guilhem nous le rendra. Il est bon, lui. »

Pendant ce temps, à l'autre bout de la cour, Martin rejoignait la masse des réfugiés. D'abord, il fut surpris par ce spectacle que, pourtant, il ne voyait pas pour la première fois. Puis il se faufila au milieu des groupes d'hommes et de femmes mêlés aux porcs et aux volailles, parmi le foin et les flaques d'eau. Il courut de l'un à l'autre, à la recherche de ses parents.
« Mère ! » Il venait de l'apercevoir, là-bas, contre le mur. La mère se leva, ouvrit la bouche, ouvrit les bras. L'enfant se précipita et ils pleurèrent, tandis qu'au même moment éclatait la bataille. Une de plus, semblable à toutes les batailles.

(à suivre)

Bonnes questions !

1. Pourquoi les paysans courent-ils au château ?
   Relève dans le texte l'expression qui indique ce que le château représente pour eux.
2. En plus de leurs familles, quels biens précieux les paysans emportent-ils avec eux ?
3. Qui est la femme qui pleure ? Pourquoi pleure-t-elle ?
4. Où est Martin à ce moment-là ? Que fait-il ?

5 A l'abri des remparts [2]

A l'agitation du début succéda la lutte organisée.

Les archers, un pied contre la muraille, la pointe de la flèche engagée dans la meurtrière, bandèrent leurs arcs. Il y eut un sifflement, un vol mortel auquel répondit, venu des fossés, un autre vol qui retomba dans la lice en une pluie d'étoupe* enflammée. Dans la cour, les animaux s'affolèrent. Les vaches meuglèrent longuement, les yeux égarés par la peur. Les brebis qu'on avait pu conduire jusque-là se contentaient de se bousculer un peu quand un brandon* s'abattait sur leur dos.

Les paysans attendaient. Les jeunes gens montaient sur les remparts pour verser l'huile bouillante qui arrêtait l'assaut* ennemi dans un hurlement de souffrance.
Martin serrait dans ses bras un petit frère qui criait de peur et que rien ne pouvait rassurer.

étoupe : matière textile très inflammable.

un brandon : un débris enflammé.

l'assaut : l'attaque.

assaillants : attaquants.

vociférations : cris de colère.

bélier : poutre de bois à tête garnie de fer qui servait à enfoncer les portes.

heaume : grand casque enveloppant la tête et le visage.

un gonfanon : un étendard.

«Ne pleure pas. Mets ta tête contre mon épaule. Tu ne verras rien. Tu n'entendras rien. Tout va être fini bientôt.»

La bataille avait lieu au-dessus de leurs têtes, sur le chemin de ronde où la mort éclaircissait les rangs. Parmi les assaillants* aussi, il y avait grand dommage. Des pierres, lancées des mâchicoulis, rebondissaient sur le plan incliné des courtines pour aller écraser les guerriers. Les plaintes, les vociférations* se mêlaient au bruit sourd des coups de bélier* qui ébranlaient portes et murailles.

Sur la partie la plus avancée, Guilhem Arnal, un arc à la main, défendait son château avec résolution. Heaume* en tête, gant de maille au poing, gonfanon* planté à ses côtés, il était l'âme de la résistance. C'était lui que l'on regardait au moment où l'on allait faiblir. Il le savait et se dépensait sans compter. Les flèches, autour de lui, volaient sans l'atteindre.

Les heures passaient ; la lutte ne mollissait pas plus que ne diminuaient les coups de boutoir sur les murailles. Une à une, les échelles furent renversées avec leur charge d'assaillants. L'eau des douves s'ouvrait pour engloutir les morts et les blessés. De l'autre côté, morts et blessés basculaient du haut du chemin de ronde et s'écrasaient dans la boue de la cour. Cela dura longtemps, longtemps, jusqu'au moment où, soudain, les derniers assiégeants se regroupèrent près des palissades éventrées.

Alors, ce fut le silence. Le château parut comme frappé de stupeur. On n'entendait plus que le mugissement des bêtes et le râle des blessés.

Des créneaux, jaillissaient des vivats et des injures à l'adresse des fuyards.

Car ils fuyaient ! Ils abandonnaient !

«Ils se replient, mère ! Père, ils s'en vont !»

Martin criait lui aussi, libéré enfin de cette contrainte, de cette peur qui avait duré si longtemps. Les paysans montaient sur le chemin de ronde pour mieux voir. Les

À l'abri des remparts

femmes les rejoignaient, empêtrées dans leurs jupes, et pleuraient, et riaient, et s'exclamaient.

« Mère, laissez-moi y aller ! » supplia Martin. Il n'attendit pas la réponse, il était déjà parti.

Là-bas, loin déjà, les survivants s'en allaient en poussant devant eux le bétail qu'ils avaient pu rassembler. Des chariots chargés de butin* les suivaient. Beaucoup d'hommes avaient péri mais la guerre avait été fructueuse*.

Guilhem Arnal retira son heaume. Son visage ruisselant de sueur s'éclaira d'un rire triomphant. Pour bien montrer que le château lui restait, le chevalier saisit à pleine main sa lance au gonfanon déchiré et, de toute la force de son bras, il la ficha en terre au milieu de la cour.

D'après Jean-Côme Noguès, *Le faucon déniché*
éd. Rouge et Or, 1972.

butin : ce que les assaillants ont volé.

fructueuse : la guerre avait rapporté un bon butin, avait donné de bons résultats.

Sans Martin, Guilhem Arnal aurait-il réussi à sauver son château ? Pour le moment, il ignore qu'il doit peut-être sa vie à un enfant. Martin, de peur d'être remis en prison, se cache. Résistera-t-il à l'envie de revoir son faucon ? Pour le savoir, tu peux lire Le faucon déniché *: l'histoire tout entière est passionnante.*

Bonnes questions !

1. Comment les assiégés se défendent-ils ?
2. Comment les assaillants attaquent-ils ?
3. Relève les différents bruits entendus au cours de la bataille.
4. Qui perd finalement ?
5. Quel bilan peut-on faire de la bataille ?

A l'abri des remparts

6 Des jeux de guerre

Arnoul, fils aîné d'Arnoul le Gannand, seigneur du Roncier, vient d'être fait chevalier. C'est le plus beau jour de sa vie.

Il a reçu de son parrain son épée, son baudrier*, ses éperons* et son écu*, et son père lui a offert un superbe cheval tout harnaché : son futur cheval de bataille. Le jeune chevalier saute en selle : dans quelques instants, il livrera son premier tournoi de chevalier.

Arnoul pénètre dans la lice. Son cheval s'appelle Rageant, beau nom pour un destrier, le cheval de bataille. Arnoul en est fier, plus que de toute autre chose. Cet animal est sa raison d'être : un chevalier est d'abord un cavalier ! La bête a de la noblesse, une robe brune presque noire. Un poil luisant et fin, une longue queue soyeuse, des yeux vifs. C'est un étalon.

Arnoul le connaît déjà bien : il l'a vu naître. Depuis quatre ans, il suit sa croissance, son éducation que mène le maître des écuries du château.

Aujourd'hui, Arnoul et Rageant devront chacun faire leurs preuves.

baudrier : bande de cuir ou de tissu, destinée à soutenir l'épée.

éperons : pièces de métal fixées aux talons du cavalier.

écu : bouclier.

A l'abri des remparts

La quintaine

Sur l'herbe, auprès du fossé et à l'ombre des hauts murs du château, on a dressé des tentes. Les bannières* claquent au vent de mai. Soldats, paysans, artisans, tous les participants à la fête se sentent déjà un peu ivres, ne serait-ce que de l'odeur des fleurs et de l'herbe fraîchement foulée.

Mai est le premier beau mois de l'année : il marque le temps des combats, des premiers tournois, des expéditions guerrières, de l'aventure.

Au centre des lices, un large espace vide a été aménagé. C'est là que se dérouleront bientôt les rencontres.

En attendant l'arrivée du seigneur, de ses parents et de ses amis, quelques jeunes cavaliers s'exercent. Arnoul est du nombre. On a planté en terre des mannequins portant un écu et une masse d'armes*. Brandissant une lance et lancés au galop, les concurrents devront les renverser. C'est la *quintaine*, un jeu d'adresse mais aussi un entraînement. Malheur à celui qui ne réussirait pas son coup : le mannequin pivote et vient frapper de la masse le maladroit !

Les jeunes gens se succèdent, plus ou moins habiles. Leurs coups sont accompagnés par les cris d'encouragement de la foule. Soudain, l'un d'entre eux manque son but : la masse le heurte avec une violence telle qu'il est désarçonné*, et tombe piteusement à terre sous les huées du public. Mais il repart de plus belle.

Et voilà qu'une petite troupe brillamment harnachée sort du château et s'approche de la tribune dressée au bord du terrain. C'est sire de Gannand et les siens. Hommes et femmes rivalisent d'élégance, de tissus délicats, de couleurs éclatantes.

---

bannière : drapeau aux armes du seigneur.

masse d'armes : arme dont le manche porte une tête métallique souvent garnie de pointes.

désarçonné : jeté à bas de la selle.

A l'abri des remparts

La joute

Un grand silence se fait sur les lices. Les chevaliers viennent, à cheval, saluer le seigneur du Roncier. Arnoul est en première place. Rageant piaffe d'impatience.
Il y aura d'abord une joute à la lance : deux cavaliers se jettent l'un vers l'autre au galop. Leur lance est épointée* : il ne s'agit pas de tuer son adversaire qui est parfois un frère ou un ami ! Même si le choc est rude, le désarçonner suffit. Tout l'effort de chaque combattant consiste à faire tomber l'autre tout en restant lui-même en selle.

Plusieurs passes d'armes s'échangent. Des concurrents tombent à terre, à leur grande honte. D'autres tiennent. Un choc résonne soudain plus fort que les autres : deux cavaliers se sont rencontrés à une vitesse telle que les deux lances ont craqué et éclaté en même temps. Ils vacillent un moment mais restent tous les deux à cheval. On applaudit, on crie, on s'embrasse.

Le tournoi

Le jeu s'arrête : tout le monde a faim et soif. Le vin, l'eau et la bière coulent à flots. Mais la journée n'est pas terminée : le seigneur du Roncier a promis à ses hôtes un véritable tournoi ! Cette fois, tous les chevaliers revêtent leur équipement complet : les choses deviennent sérieuses.

Le tournoi se pratique entre deux équipes. Elles commencent par s'éloigner l'une de l'autre puis reviennent au galop, tentent d'abattre leurs adversaires, passent, continuent sur leur lancée, tournent (d'où le nom de tournoi !) et reviennent à la charge. Et ainsi, tant qu'une ou l'autre équipe n'abandonne pas le terrain.

épointée : la pointe de la lance est cassée ou garnie d'une protection.

A l'abri des remparts

Souvent, ce jeu guerrier tourne mal. Dans l'énervement, des coups sont échangés ; il arrive même qu'un chevalier, au bord de l'excitation, sorte son épée du fourreau et frappe. Mais on le ramène bien vite à l'ordre : il s'agit d'une rencontre «courtoise», même si elle est tout aussi brutale qu'un vrai combat.

Lors de ce tournoi, le seigneur de Gannand sera lui-même sur le terrain : il tient à montrer, en ce jour où son fils devient chevalier, qu'il reste assez vigoureux pour participer à ce jeu dangereux. Pourtant, des seigneurs en pleine force de l'âge ont trouvé la mort au cours d'un tournoi.

Philippe Brochard et Eddy Krähenbühl
Châteaux forts et Chevaliers, Nathan, 1990.

En lisant Châteaux-forts et Chevaliers, *c'est loin du château-fort familial que tu suivras Arnoul dans ses aventures. Tu apprendras beaucoup de choses sur la construction du château-fort, la vie du seigneur et de son entourage.*

Bonnes questions !

1. Dans quel jeu le chevalier se bat-il contre un mannequin ? Quelle arme porte le mannequin ?

2. Comment l'arme du mannequin fonctionne-t-elle ? Que doit éviter le chevalier ?

3. Le cheval d'Arnoul aime-t-il les jeux de guerre ? A quoi le voit-on ?

4. Quels jeux se pratiquent à deux cavaliers ? En deux équipes ?

5. Lequel des trois jeux est le plus dangereux ? Pourquoi ?

A l'abri des remparts

LA PETITE LIBRAIRIE

La vie de château★
Eddy Krahenbühl,
Collection Archimède
L'École des loisirs, 1994.

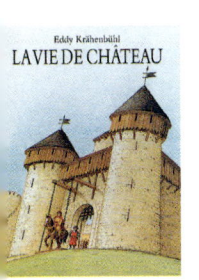

Quelle chance d'avoir un oncle gardien de château fort ! En vacances chez lui, Vincent et son ami Nicolas montent dans le grenier et se déguisent avec des costumes anciens trouvés dans une malle. Mais la poussière à remonter le temps s'est déposée sur ces vêtements et voilà nos amis transportés au XIIIe siècle...

Le chevalier qui ne savait pas lire
et huit autres contes de chevaliers★
Evelyne Brisou-Pellen,
Cascade contes
Rageot-Éditeur, 1987.

Le chevalier Ignare se décide à apprendre à lire pour trouver une femme ; le chevalier vert ramasse sa tête tranchée et la remet à sa place ; la princesse Violine organise un concours de cracher de noyaux de cerises pour attirer le chevalier Beaubrun... Neuf contes courts et agréables.

La fille du comte Hugues★★
Evelyne Brisou-Pellen,
Collection dix et plus
Casterman, 1995.

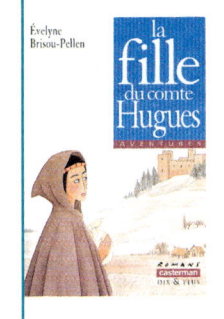

La belle histoire de Jehanne, une petite paysanne du Moyen Âge à qui sa mère fait une révélation bouleversante avant de mourir. Quel va être alors le destin de la jeune fille, et dans cette époque de misère pour le petit peuple, pourquoi Dame Hersende a-t-elle agi ainsi ?

Bernique★
J.-M. Guilcher,
Collection Castor poche
Flammarion, 1993.

Comment Bernique, le pauvre paysan, se débarrassa du cruel et avare seigneur Malengroin. Les ruses de Bernique et la sotte naïveté de Malengroin t'amuseront beaucoup. Un petit livre simple, bien écrit et joliment illustré.

Le prisonnier du château fort★★
Daniel Hénard,
Collection Romans Junior
Hachette, 1994.

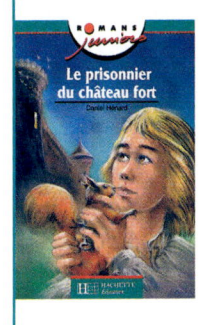

Robin, le jeune serf, travaille au château de Richard de Montfort. Olivier, le jeune noble, est retenu en otage par cet homme cruel. Olivier veut s'évader car il sait que son oncle ne paiera jamais la rançon pour le délivrer. L'écureuil apprivoisé de Robin leur permettra de réaliser un plan audacieux.
Le livre comprend aussi des jeux et des documents sur le château fort, les machines de guerre et les blasons.

Au temps des chevaliers et des châteaux forts★★
P. Miquel et P. Probst,
La vie privée des hommes
Hachette Jeunesse, 1990.

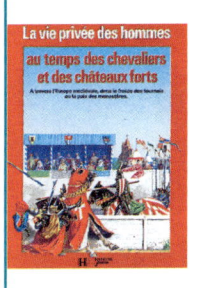

Des textes écrits par un historien connu et de nombreuses illustrations sur cette intéressante période de notre histoire.

A l'abri des remparts 153

atelier

Vocabulaire — le château fort

■ **As-tu bien retenu ? Comment appelle-t-on :**

- Les fossés remplis d'eau qui entourent le château fort ?

- Le pont que l'on relève pour interdire l'entrée du château fort ?

- La tour la mieux protégée dans laquelle vivent le seigneur et sa famille ?

- Le passage au sommet d'une tour ou d'une muraille où les soldats vont et viennent pour surveiller les alentours ?

- L'ouverture dentelée en haut d'un mur ou d'une tour ?

- Les fentes verticales dans le mur d'où on peut observer l'ennemi et lancer des projectiles ?

- La galerie au sommet d'une tour ou d'une muraille d'où on peut jeter des pierres ou de l'huile bouillante ?

- Le mur encadré par deux tours ?

- Le terrain clos où se pratiquent les jeux de guerre ?

- La lourde grille que l'on abaissait pour fermer l'entrée du château.

Le dictionnaire

■ Le cours élémentaire a reçu dix nouveaux livres pour son « coin lecture ».
Il y a deux possibilités pour classer ces ouvrages :
- par ordre alphabétique des auteurs (sans tenir compte des prénoms)
- par ordre alphabétique des titres (sans tenir compte des articles).

Une partie de la classe peut faire le classement par auteurs, et l'autre par titres.

Titres	Auteurs
1. Petit féroce va à l'école	Paul Thiès
2. L'ogre des mers	Yvon Mauffret
3. La piste des caribous	Annie Paquet
4. Le coq à la crête d'or	Michel Honaker
5. La vie de château	Eddy Krahenbühl
6. Jehan de Loin	Bertrand Solet
7. Le faucon déniché	Jean-Côme Noguès
8. Bernique	Jean-Michel Guilcher
9. La fille du Comte Hugues	Evelyne Brisou-Pellet
10. Le prisonnier du château-fort	Daniel Hénard

@telier

Expression écrite une histoire en images

1 En suivant bien les images, raconte l'histoire de Quentin le trouvère et Fil le singe.

Observe la bande dessinée et aide-toi des questions suivantes :

Vignette 1 : Où se situe la scène ? A quel moment ? Que va-t-il se passer ?

Vignette 2 : Que font Quentin et son singe ? En quoi le singe est-il amusant ? Comment est-il vêtu ?

Vignette 3 : Comment réagissent les invités ? Le spectacle leur plaît-il ? Pourquoi rient-ils ?

Vignette 4 : A quel moment se passe la scène ? Où ? Que fait le singe ? Comment Quentin réagit-il ?

2 Maintenant, trouve un titre à cette histoire.

A l'abri des remparts

Dans ce chapitre, tu liras les histoires suivantes…

1 *Le chat et les lapins*

Richard Adams................page 160

2 *Le chat Filou*

Jacques Cassabois................page 162

3 *Le chat du chien*

François Cavanna................page 164

4 *Un drôle de caillou*

Colette...............page 167

Chiens et chats

Poésie	158
Lectures	160 à 176
Lire pour en savoir plus : Des métiers de chiens	173
La petite librairie	177
Atelier	178

- Vocabulaire : autour du mot «pas»
- Le dictionnaire : l'orthographe
- Expression écrite : décrire brièvement un animal familier

5 *Un rescapé*

Rémo Forlani .... page 170

6 *La troupe de signor Vitalis*

Hector Malot .... page 174

Poésie

Cataire

Ils ont insulté les vaches
Ils ont insulté les gorilles
Les poulets
Ils ont insulté les veaux
Ils ont insulté les oies
Les serins, les cochons…
Ils ont insulté les chiens.
Les chats
Ils n'ont pas osé.

Jacques Prévert, *Imaginaire*.

Un ami d'enfance

… Je me souviens
D'avoir eu pour ami, dans mon enfance, un chien,
Une levrette blanche au museau de gazelle,
Au poil ondé de soie, au cou de tourterelle,
A l'œil profond et doux comme un regard humain ;
Elle n'avait jamais mangé que dans ma main,
Répondu qu'à ma voix, couru que sur ma trace,
Dormi que sur mes pieds, ni flairé que ma place.
Quand je sortais tout seul et qu'elle demeurait,
Tout le temps que j'étais dehors, elle pleurait ;
Pour me voir de plus loin aller ou reparaître,
Elle sautait d'un bond au bord de ma fenêtre,
Et, les deux pieds collés contre les froids carreaux,
Regardait tout le jour à travers les vitraux ;
Ou, parcourant ma chambre, elle y cherchait encore
La trace, l'ombre au moins du maître qu'elle adore,
Le dernier vêtement dont je m'étais couvert,
Ma plume, mon manteau, mon livre encore ouvert,

Et, l'oreille dressée au vent pour mieux m'entendre,
Se couchant de côté, passait l'heure à m'attendre.

Alphonse de Lamartine.

Le vieux et son chien

S'il était le plus laid
De tous les chiens du monde,
Je l'aimerais encore
A cause de ses yeux.

Si j'étais le plus laid
De tous les vieux du monde,
L'amour luirait encore
Dans le fond de ses yeux.

Et nous serions tous deux,
Lui si laid, moi si vieux,
Un peu moins seuls au monde,
A cause de ses yeux.

Pierre Menanteau,
Ce que m'a dit l'alouette
Les Nouvelles Presses Françaises, 1957.

Le chat et l'oiseau

Un village écoute désolé
Le chant d'un oiseau blessé
C'est le seul oiseau du village
Et c'est le seul chat du village
Qui l'a à moitié dévoré
Et l'oiseau cesse de chanter
Le chat cesse de ronronner
Et de se lécher le museau
Et le village fait à l'oiseau
De merveilleuses funérailles
Et le chat qui est invité
Marche derrière le petit cercueil de paille
Où l'oiseau mort est allongé
Porté par une petite fille
Qui n'arrête pas de pleurer
Si j'avais su que cela te fasse tant de peine
Lui dit le chat
Je l'aurais mangé tout entier
Et puis je t'aurais raconté
Que je l'avais vu s'envoler
S'envoler jusqu'au bout du monde
Là-bas où c'est tellement loin
Que jamais on n'en revient
Tu aurais eu moins de chagrin
Simplement de la tristesse et des regrets

Il ne faut jamais faire les choses à moitié.

Jacques Prévert, *Histoires*,
Éd. Gallimard.

1 Le chat et les lapins

Le chat était tigré, avec les pattes et le poitrail blancs. Il se trouvait au fond de la petite cour, où il marchait à pas comptés le long d'un tas de bois.

Quand Noisette le garenne* apparut sur le seuil, le chat se figea* instantanément, les yeux ronds et la queue frémissante. Noisette franchit le seuil lentement et s'arrêta à nouveau. Le soleil se glissait déjà dans la cour, et non loin de là, autour d'un tas de fumier, les mouches bourdonnaient dans le silence. Il flottait une odeur de paille, de poussière et d'aubépine.

«Tu m'as l'air famélique*, dit Noisette au chat. Est-ce que les rats deviendraient trop malins pour toi ?»
Le chat ne répondit pas. Noisette clignait des yeux au soleil. Le chat s'aplatit sur le sol, la tête entre les pattes. Pichet le lapin s'agitait derrière son compagnon, et celui-ci, sans détacher les yeux du chat, sentit qu'il tremblait.
«N'aie pas peur, Pichet, murmura-t-il. Je te tirerai d'affaire, mais d'abord il faut attendre que le chat s'élance. Ne bouge pas.»
Le chat se mit à agiter nerveusement la queue. Son arrière-train se souleva et se balança au rythme grandissant de sa colère.

lapin de garenne : lapin sauvage.

se figer : s'immobiliser.

famélique : maigre et affamé.

fulgurant : rapide comme l'éclair.

en feignant la nonchalance : ici, en faisant comme si de rien n'était.

«Es-tu capable de courir ? lui lança Noisette. Je suis bien sûr que non, espèce de lèche-soucoupe. Vide-poubelle ! Ahuri que tu es…»

Le chat s'élança à travers la cour et les deux lapins détalèrent, allongeant leurs jarrets comme de puissants ressorts. Leur poursuivant était d'une rapidité extrême, et ils avaient beau s'être préparés à prendre un départ fulgurant*, peu s'en fallut qu'ils ne fussent rejoints avant d'être sortis de la cour. En galopant le long de la grange, ils entendirent le labrador aboyer en tirant sur sa longue corde. Une voix d'homme le fit se taire. Une fois à couvert de la haie, ils se retournèrent pour jeter un coup d'œil. Le chat s'était arrêté, il se léchait la patte en feignant la nonchalance*.

«Les chats ne craignent rien tant que le ridicule, dit Noisette. Celui-ci ne nous inquiétera plus.»

D'après Richard Adams, *Les garennes de Watership Down*
Gautier-Languereau, 1984.

Bonnes questions !

1. Que fait Noisette quand il aperçoit le chat ?
2. Comment le chat réagit-il ?
3. Comment Noisette parvient-il à faire bondir le chat ?
4. Pourquoi le chat arrête-t-il la poursuite ?
5. A la fin du texte, comment cache-t-il son dépit ?

2 | Le chat Filou

Lorsqu'on est chat, on ne sait jamais sur quel maître on va tomber.

Là, Filou n'eut pas à se plaindre. Les nouveaux maîtres aimaient les animaux. Cela se sentait. D'ailleurs, ils possédaient déjà un chien qui vint le renifler lorsqu'on le posa sur le carrelage de la cuisine. Filou n'en avait jamais vu. Il avait arrondi son dos et gonflé son poil sous le coup de la surprise. Le chien s'était contenté de lui flairer le museau à distance et, flatté par la voix des hommes qu'il connaissait bien, il avait remué la queue et regagné son panier en se dandinant.

Filou avait grandi dans cette maison. Il avait appris à y circuler, marquant son passage en se frottant contre les portes et les meubles, s'organisant des lits un peu partout, derrière les livres de la bibliothèque, au-dessus d'un buffet, roulé en boule au fond de la corbeille à papier, sur le dossier des fauteuils du salon.
Il jonglait avec ses forces qui grandissaient, inventait des cabrioles, des pirouettes, des tours de force et de patience.

Avec l'âge, il perdit ses allures et ses poils de jeune chaton fou, cette couleur de cendre douce que certains nommaient gris souris. Gris souris ! Quelle idée, pour un chat ! Peu à peu, son pelage s'était orné de simples rayures, sombres et claires, qui rappelaient la lointaine parenté des chats de gouttière avec le prince de la jungle, sa majesté le tigre.

Chiens et chats

Filou connaissait ses maîtres et il savait leur plaire. Lorsque les enfants étaient nés, il avait proposé ses services en montant la garde pendant leur sommeil, au pied du lit ou sur la capote du landau, interdisant d'approcher aux personnes qu'il ne connaissait pas.

Lorsqu'ils avaient grandi, Filou leur avait servi de poupée, de peluche vivante. Il s'était laissé habiller, ausculter, ballotter, par leurs mains malhabiles, sans jamais donner un seul coup de griffe.

C'est aussi dans cette maison qu'il avait fait la connaissance de Porcelaine, cette chatte abandonnée que les maîtres avaient ramenée d'un refuge pour animaux perdus. Ah Porcelaine ! Elle avait une tache blanche qui lui prenait la moitié du museau et qui glissait dans son cou, en illuminant son poitrail tel un jabot* de dentelle fine. Comme tous les êtres qui ont souffert, elle était restée longtemps farouche. Son regard inquiet, son port de tête élégant en faisaient une sorte de princesse qui avait gardé de son ancienne vie des habitudes de dame. Porcelaine, sa compagne préférée ! Ils avaient eu ensemble plusieurs portées* de beaux chatons.

D'après Jacques Cassabois, *La longue marche de Filou*, Messidor – La Farandole, 1984.

un jabot : ornement de dentelle fixé au col d'une chemise.

une portée : ensemble des chats nés le même jour de la même mère.

Bonnes questions !

1. Pourquoi Filou a-t-il eu de la chance ?
2. Quelle réaction Filou a-t-il face au chien ? et le chien face à Filou ?
3. En grandissant, quel nouvel aspect Filou prend-il ?
4. Quel rôle Filou a-t-il joué auprès des enfants ?
5. Cherche deux détails qui montrent que les maîtres de Filou aiment les animaux.

3 Le chat du chien

Nicolas était un chiot que Thérèse avait apporté dans un cabas.

Il venait d'être sevré, vacillait sur ses grosses papattes, effaré, la truffe frémissante, cherchant l'odeur de sa mère, offrant des trésors d'amour à qui en voudrait. C'était un bâtard, issu d'une mère briarde* et d'un vagabond inconnu. Il avait tout du briard, si on ne cherchait pas la petite bête. Longs poils de chèvre gris fer qui commençaient à submerger* le duvet de la petite enfance, queue basse relevée en boucle, grosses moustaches mettant le museau entre parenthèses. Il avait aussi les yeux vairons, l'un bleu, l'autre noisette, ce qui donne un regard déconcertant et est très mal vu dans les concours.

Je n'avais jamais eu de chien. J'avais toujours intensément désiré en avoir un, j'attendais le moment où il entrerait dans ma vie. Et ce serait un briard. Je savais cela depuis le jour où, feuilletant le petit dictionnaire que la ville de Nogent-sur-Marne offrait à tous ceux qui avaient réussi le certificat d'études, j'étais tombé sur une gravure, toute petite et pas très nette, représentant, vu de profil, un «chien de berger français de la Brie». J'en étais aussitôt devenu amoureux. Ce serait là mon chien, il me convenait tout à fait, et la description élogieuse* qui accompagnait l'image déclencha mon coup de foudre. «Très robuste, doux, intelligent, fidèle, rustique.» Oh ! que je l'aimais déjà, ce Nicolas, vingt ans avant de le rencontrer !

Et voilà. Il était là. La maison n'était pas terminée mais on pouvait y vivre. Je bricolai en vitesse une clôture, à cause de la route écraseuse de chiots. Nicolas prit possession de son royaume.
J'avais toujours su que ma vie serait incomplète tant qu'un chien ne la partagerait pas. Tout l'enchantement que j'en attendais, Nicolas me l'apporta, et bien au-delà.

briard : chien de berger à poil long.
submerger : ici, recouvrir.
élogieuse : qui vante les mérites.

A la maison, il y avait aussi des chats, plein de chats. Les nôtres et les enfants des nôtres, et puis les portées qu'on nous balançait par-dessus la barrière, on nous savait le cœur tendre, on nous les balançait plutôt que de les noyer dans la lessiveuse…

Un chat n'est le chat de personne. Eh bien, j'en ai connu un qui était le chat de Nicolas. Le chat du chien. Il avait décidé ça tout seul par pur amour.
C'était un chat noir, maigre, un de ces chats aux joues creuses, aux yeux tout ronds. Très farouche. Apercevait-il Nicolas, il se précipitait. Comme se précipitent les chats : avec mille ondulations et tortillements de la queue.

Nicolas abusait de la situation. Classique : celui qui aime le plus est à la merci de celui qui aime le moins. Il avait inventé un jeu cruel : il mordait à pleins crocs la peau du cou du chat, il le secouait de droite et de gauche avec une violence extrême, et puis il le lançait haut en l'air, le rattrapait au vol, par une patte, par l'oreille, le relançait, le rattrapait, le roulait dans la poussière, le fourrait dans des trous impossibles. Le chat ronronnait, pâmé.

Un jour, je marchais sur la petite route défoncée, Nicolas devant à vingt mètres.

Chiens et chats 165

Je crois remarquer je ne sais quel frémissement dans les hautes herbes du fossé. Et puis une ombre noire bondit, c'était lui, le chat du chien.

Nicolas, honteux peut-être, montre les crocs et gronde, babines retroussées, comme ils font quand ils sont vraiment en rogne. Le chat sursaute, file dans le fossé et se contente de progresser par bonds à hauteur du chien, parallèlement, dans le fossé, les yeux sur le chien. Quand il n'y eut plus de fossé, il se faufila sous les feuilles de betteraves, entre les chaumes, toujours à hauteur du chien et ainsi jusqu'à la maison.

Il mangeait dans la gamelle du chien, il osait malgré les grondements et les coups de crocs. Il se recroquevillait, yeux fermés, heureux.

D'après François Cavanna, *Les yeux plus grands que le ventre*
© F. Cavanna, 1995.

Bonnes questions !

1. Quel signe particulier Nicolas présente-t-il ?
2. Pourquoi l'auteur voulait-il avoir un briard ?
3. Pourquoi les chats étaient-ils nombreux dans la maison ?
4. En quoi ce chat était-il un peu exceptionnel ? Quel sentiment inhabituel éprouvait-il pour le chien ? Le chien partageait-il ce sentiment ?

Le mot juste

1. Trouve le mot ou l'expression dans le texte pour dire :
   a. Il n'était plus allaité par sa maman.
   b. Un chien dont les parents sont de race différente.
   c. Il avait les yeux de deux couleurs.
   d. Un amour immédiat auquel on ne peut pas résister.
   e. Le chat était sauvage et peu sociable.
   f. Nicolas profitait un peu trop de l'amour que le chat lui portait.
2. L'auteur emploie des expressions imagées.
   Que dit-il des moustaches ? et de la route ?

Chiens et chats

4 Un drôle de caillou

Les bêtes somnolent au jardin. Il y a deux chiennes, Bergère et Bull, une chatte persane âgée et une jeune chatte noire. Un Deux-Pattes sort de la maison et dépose sur le gravier, au soleil, une scarole* et ...

Voix de Deux-pattes, *dans la maison* :
Elle va s'acclimater* très vite, n'est-ce pas ? Les Bêtes ne lui feront pas de mal ? D'ailleurs, nous les surveillerons d'ici.

La Tortue, pattes et tête invisibles, ressemble à un gros caillou.

5 **La chienne Bull** : Qu'est-ce qu'on a mis par terre ?
Bergère : Rien. Une boîte ronde ou une pierre.
Persane, *ensommeillée* : Qu'est-ce que c'est ?
La chatte noire, *très excitée* : Qu'est-ce qu'il y a ? Qu'est-ce qu'il y a ? Au nom du Ciel, qu'y a-t-il ? Que me cache-t-on ?
10 **La chienne Bull**, *à la chatte noire* : Vous, la folle, faites-nous le plaisir de rester tranquille, ou bien retournez chez les voisins. Vous savez bien y aller, chez les voisins, à l'heure du déjeuner, pour imiter la chatte affamée. Allez-y donc tout de suite.
Bergère, *parlant très bas* : Chut. Écoutez !
15 **Les bêtes ensemble** : Eh bien ?
Bergère, *d'un ton bref* : Ça bouge !

---

scarole : variété de salade.

s'acclimater : s'habituer à vivre dans un endroit différent de son milieu habituel.

Chiens et chats

vigilance : surveillance très attentive.

un suspect : une personne qui inspire de la méfiance.

détachée : indifférente.

son prestige : son image, sa réputation.

LA CHATTE NOIRE, *affolée* : Quoi ? Quoi ? Grands dieux, qu'est-ce qui bouge ?

BERGÈRE, *le regard tourné vers la tortue* : Ça !

LA CHIENNE BULL, *haussant les épaules* : Pensez-vous ! Avec votre manie de vigilance*, vous voyez des suspects* partout. N'est-ce pas Persane ?

PERSANE, *élégante et détachée** : M'en moque !

LA CHIENNE BULL, *les yeux ronds (un bout de patte écailleuse vient de sortir de dessous le caillou)* : Ça, par exemple… Persane, vous avez vu ? Qu'est-ce que vous en dites ?

PERSANE, *fronçant le nez* : Je ne comprends rien à cela. Mais ça doit sentir mauvais, comme tout ce que je ne connais pas.

LA CHIENNE BULL : Qu'est-ce que ça signifie ?

BERGÈRE, *tout bas* : J'attends.

LA CHIENNE BULL : Qu'est-ce que vous attendez ?

BERGÈRE, *nerveuse* : Fichez-moi donc la paix !

LA CHATTE NOIRE, *qui n'a encore rien vu* : Qu'est-ce que vous dites ? Il y a un mystère ? Quelque chose d'effrayant, n'est-ce pas ? Mais parlez donc !

LA CHIENNE BULL, *soucieuse de son prestige**, avec un air de fausse assurance* : Eh ! laissez-nous tranquilles, vous voyez bien que nous sommes occupées ! Certes ! J'ai vu bien des choses dans ma vie, chez mes anciens Deux-Pattes, mais je ne me souviens pas d'avoir rencontré une… une curiosité comme…

L'apparition des trois autres pattes lui coupe la parole. La Tortue, sans montrer sa tête, risque deux pas sur le gravier.

LA CHATTE NOIRE, *bondissant en arrière* : Haah ! que vois-je ? Horreur ! Magie ! Ma tête se perd ! Mes yeux se voilent ! Tout est piège autour de moi, tout est menace.

PERSANE : J'aime mieux m'en aller. Ce bruit me fatigue et je vous assure que cette chose sent mauvais.

LA CHIENNE BULL, *dilatant son nez* : Cette vieille dame radote, ça ne sent rien du tout. (*Elle colle son nez sur la Tortue, les quatre pattes disparaissent soudain. La chienne Bull, saisie, sautant en l'air.*) Hi !

BERGÈRE, *à bout de nerfs et d'attente* : Ah ! ne m'agacez pas, vous ! C'est votre faute si ce caillou n'a plus de pattes maintenant !

Chiens et chats

la vermine : l'ensemble des parasites (poux, puces…) ; ici, bête nuisible.

55 **LA CHIENNE BULL** : Ma faute ! Vous allez m'apprendre ce que j'ai à faire sans doute ?

La Tortue, égayée par le soleil, montre sa tête, allonge le cou et marche vers la salade.

LA CHATTE NOIRE, *hors d'elle* : Beuh ! Maman ! Un serpent ! Houin !
60 Mouan ! Au secours ! *Elle disparaît.*

LA CHIENNE BULL, *claquant des dents à Bergère* : Vous… Vouvous, croy-croyez que c'est un seseserpent ?

BERGÈRE, *les poils du dos hérissés* : Attendez seulement… Laissez-moi faire. Un coup de dents au bon moment, et il n'est plus
65 question de cette vermine*. Ça me connaît !

LA CHIENNE BULL, *flageolante* : C'est ça. Je vous laisse ensemble. Je reviens dans un ninninstant.

Elle s'enfuit. Trois heures plus tard… près de la Tortue qui a fait le tour du jardin et broute maintenant les pois de senteur, Bergère se
70 *tient toujours à l'arrêt.*

LA CHIENNE BULL, *sur le perron, sans approcher* : Et bien ? Vous l'avez tuée ?

BERGÈRE, *exténuée, mais héroïque, le nez à deux doigts de la Tortue* : Pas encore.

75 **LA CHIENNE BULL**, *ironique* : Qu'est-ce que vous faites, alors ?

BERGÈRE : J'attends.

LA CHIENNE BULL : Vous attendez quoi ?

BERGÈRE : Qu'elle sorte de sa niche !

D'après Colette, *Dialogue de Bêtes.*
Mercure de France, 1930.

Bonnes questions !

1. Qu'est-ce qu'un Deux-Pattes pour les Bêtes ?
2. Les Bêtes n'ont jamais vu de tortue.
   En présence de quel objet ou de quel animal se croient-elles ?
3. Comment les Bêtes réagissent-elles devant cette chose qui bouge ?
4. Bergère attend qu'elle sorte de "sa niche". En fait de quoi s'agit-il ?

Chiens et chats   169

5 Un rescapé

Juillet 1940. C'est l'Exode : les Parisiens fuient la capitale avant l'arrivée des troupes allemandes. Adrienne, fidèle servante, est restée pour garder la maison de ses maîtres. Seule et triste, elle s'attarde dans la cuisine où elle termine son repas.

L'ennui, c'était le silence dans la maison. On n'entendait que les biscottes craquer. Et puis, il y eut ces cris tout d'un coup. Des miaulements ? Ça ressemblait à des miaulements. Bizarre. Les Martin n'avaient chez eux ni chat ni aucun autre
5 animal que les souris qui venaient passer les hivers dans les balles de laine et de crin entreposées dans leur remise. Et pourtant ON miaulait de plus en plus fort.

Adrienne s'en fut voir de plus près. C'était bien chez les Martin. Et c'était très pénible à entendre, ces miaous déses-
10 pérés. Ce chat en avait manifestement gros sur la patate*. Peut-être qu'il était blessé, malade, qu'il souffrait. Mais que faire ? Pas question d'ouvrir la porte. Encore moins de la forcer. Pas ques-

en avoir gros sur la patate (*expression familière*) : en avoir gros sur le cœur, être triste.

se morfondre :
s'ennuyer en attendant quelque chose ou quelqu'un.

tion de s'attaquer aux volets. Pas question non plus de laisser le chat se morfondre*. Peut-être que par le vasistas…

Le vasistas étant fermé, Adrienne dut briser la vitre d'un coup de coude. Une fois la voie libre, elle se faufila par l'ouverture et se laissa tomber dans une petite pièce.

Et là, elle découvrit un chat minuscule qui, avec ses oreilles démesurées, aurait pu jouer un rôle de lapin dans un dessin animé de Mickey et Minnie. Pas un chat de race, vraiment pas. Un chat des rues avec du noir, du gris, du roux, du jaune, du marron dans ses poils. Et le bout du nez et des pattes d'un blanc pas très net. Son poitrail aussi était blanc et sale. Il avait la gueule comme un four et beaucoup de dents et des moustaches bien raides et longues à n'en plus finir.

Adrienne fut frappée par sa drôle de bouille et sa drôle d'allure. Il n'était peut-être pas laid, mais il n'était sûrement pas beau. Et tellement agité, tellement piailleur.

– Ça veut dire quoi, cette façon de brailler, hein ? T'es malade ou quoi ?

Il toisa Adrienne :
il la regarda avec dédain, avec mépris.

Le chat s'arrêta net de miauler. Il toisa* Adrienne avec quelque chose comme de l'insolence dans l'œil. Non, il n'était pas malade. Il était furieux d'être coincé, voilà tout.

– Et cet œil que tu me fais ! qu'est-ce qui ne va pas ? Tu vas me le dire !

Le chat s'approcha lentement d'une des chaussures d'Adrienne et la renifla avec méfiance. Comme elle tendait la main pour le saisir, il lui souffla dessus, et il fila au fond de la pièce.

– Monsieur veut pas qu'on le touche ? Très bien. Parfait. D'accord. On ne le touchera pas. Allez, salut, le chat, et tant pis pour toi si tu préfères rester ici tout seul et sans manger.

Chiens et chats

Et Adrienne poussa un fauteuil sous le vasistas pour s'en aller. Comme elle grimpait sur le fauteuil, le chat, qui ne miaulait plus, s'approcha à petits pas. Il n'avait plus l'air en rage.

– Ça va mieux ? C'est fini les nerfs ?

Adrienne fit mine d'allonger le bras dans sa direction ; il ne recula pas, ne souffla pas. Mieux : comme la main arrivait à hauteur de son visage, il s'avança et frotta son petit crâne sur le dos de la main. Et Adrienne entendit un brave petit miaou de bébé chat. Rien à voir avec les miaulements fous qui l'avait tirée de son agréable dînette. Adrienne approcha un peu plus sa main et l'ouvrit sans brusquerie. Le chat se laissa cueillir. Il pesait à peine autant qu'une grosse pomme et il était bien doux, bien chaud. Comme Adrienne avait besoin de ses deux mains pour recommencer ses acrobaties, elle le fourra dans la grande poche de son tablier. Il se laissa enfourner de la sorte sans le moindre murmure.

D'après Rémo Forlani, *Pour l'amour de Finette*
éd. Ramsay, 1983.

Bonnes questions !

1. Quel problème Adrienne rencontre-t-elle ?
2. En quoi ce chat est-il différent des autres chats ?
3. Adrienne utilise-t-elle un langage recherché ou familier ?
4. Devines-tu la fin de l'histoire ?

Des métiers de chiens

Affectueux et fidèles, les chiens partagent souvent notre vie. Certains, bien dressés, peuvent réaliser des choses étonnantes et exercer de véritables professions.

Chiens de police et de douane : le berger allemand, le mastiff, le dogue et le labrador aident à arrêter les malfaiteurs et les trafiquants de toutes sortes.

Chiens de garde : le berger allemand et le dogue gardent les bâtiments ; le bouvier et le briard surveillent les troupeaux.

Chiens d'aveugle : le labrador, le berger allemand aident les aveugles à se déplacer.

Chiens de traîneau : le huskie, le spitz et le samoyède, puissants et résistants, peuvent parcourir de longues distances enneigées. L'attelage, formé de plusieurs chiens s'appelle une *meute*. Celle-ci a un chef, des lois et un véritable langage.

Chiens truffiers : le corniaud, le berger allemand, le labrador peuvent, grâce à leur flair très subtil, découvrir les truffes enfouies dans le sol.

Chiens de sauvetage : le saint-bernard et le berger allemand sont utilisés pour les sauvetages en montagne, le terre-neuve pour les sauvetages en mer.
Après un tremblement de terre ou un éboulement, le berger allemand peut, grâce à son flair, retrouver les victimes ensevelies sous les décombres.

Chiens de chasse : le beagle, le fox-hound participent à la chasse à courre ; le braque, l'épagneul, le pointer, le setter, le labrador à la chasse à pied.

Chiens et chats

6 La troupe de signor Vitalis

Le Signor Vitalis est un saltimbanque qui va de ville en ville, de village en village. Il présente des animaux savants sur les places publiques.

«Voici le premier sujet de ma troupe, dit Vitalis, c'est M. Joli-Cœur. Joli-Cœur, mon ami, saluez la société !» Joli-Cœur porta sa main fermée à ses lèvres et nous envoya à tous un baiser.
«Maintenant, continua Vitalis, étendant sa main vers un caniche blanc, le Signor Capi va avoir l'honneur de présenter ses amis à l'estimable société ici présente.»
A ce commandement, le caniche, qui jusque-là n'avait pas fait le plus petit mouvement, se leva vivement et, se dressant sur ses pattes de derrière, il croisa ses deux pattes de devant sur sa poitrine, puis il salua son maître si bas que son bonnet de police toucha le sol.

Chiens et chats

Ce devoir de politesse accompli, il se tourna vers ses camarades, et d'une patte, tandis qu'il tenait toujours l'autre sur sa poitrine, il leur fit signe d'approcher.

Les deux chiens, qui avaient les yeux attachés sur leur camarade, se dressèrent aussitôt et, se donnant chacun une patte de devant, comme on se donne la main dans le monde, ils firent gravement six pas en avant puis, après trois en arrière, ils saluèrent la société.

«Celui que j'appelle Capi, continua Vitalis, autrement dit *Capitano* en italien, est le chef des chiens ; c'est lui qui transmet mes ordres. Ce jeune élégant à poil noir est le Signor Zerbino, ce qui signifie le galant, nom qu'il mérite à tous les égards. Quant à cette jeune personne à l'air modeste, c'est la douce Signora Dolce, une charmante Anglaise qui n'a pas volé son nom de douce… Capi !»

Le caniche croisa les pattes.

«Capi, venez ici mon ami, et soyez assez aimable, je vous prie, pour dire à ce jeune garçon qui vous regarde avec des yeux ronds comme des billes, quelle heure il est.» Capi décroisa les pattes, s'approcha de son maître, fouilla dans la poche du gilet, en tira une grosse montre en argent, regarda le cadran et jappa deux fois distinctement ; puis après ces deux jappements bien accentués, d'une voix forte et nette, il en poussa trois autres plus faibles. Il était en effet deux heures et trois quarts.

«C'est bien, dit Vitalis, je vous remercie, Signor Capi ; et, maintenant, je vous prie d'inviter la Signora Dolce à nous faire le plaisir de danser un peu à la corde.» Capi fouilla aussitôt dans la poche de la veste de son maître et en tira une corde. Il fit un signe à Zerbino, et celui-ci alla vivement lui faire vis-à-vis*. Alors Capi lui jeta un bout de corde et tous

faire vis-à-vis : se mettre en face.

Chiens et chats

deux se mirent gravement à la faire tourner. Quand le mouvement fut régulier, Dolce s'élança dans le cercle et sauta légèrement en tenant ses beaux yeux tendres sur les yeux de son maître.

« Vous voyez, dit celui-ci, que mes élèves sont intelligents. » Assurément, les élèves du Signor Vitalis étaient bien drôles, bien amusants, et ce devait être bien amusant aussi de se promener avec eux.

D'après Hector Malot, *Sans Famille*
éd. Rouge et Or. Paris, 1960.

Bonnes questions !

1. Peux-tu, d'après ce texte, retrouver la nationalité de Vitalis ? Quels mots l'indiquent ?

2. Quel métier exerce-t-il ?

3. Retrouve le nom des trois chiens et leur traduction en français ?

4. De quelle manière Vitalis s'exprime-t-il ? Donne des exemples ?

5. Trouve un autre titre à ce texte.

Choisis la bonne réponse

1. Le chef de la Troupe s'appelle :
   a. Joli-Cœur
   b. Capi
   c. Zerbino

2. Capi annonce l'heure : il est
   a. deux heures trois quarts
   b. deux heures un quart
   c. trois heures un quart

3. Vitalis dit que ses élèves sont :
   a. drôles
   b. amusants
   c. intelligents

4. De la poche de Vitalis, Capi sort :
   a. une montre
   b. une corde
   c. un bonnet de police

LA PETITE LIBRAIRIE

Vif-Argent**
Josep Vallverdu,
Collection Castor poche
Flammarion, 1989.

Les découvertes et les aventures d'un chiot perdu. Il est trouvé par un jeune fermier et découvre un monde nouveau : la ferme et ses animaux, la chasse ... jusqu'au jour où le jeune chien aventureux est capturé par un dresseur qui le fait travailler dans son cirque. Il connaîtra bien des tourments avant de se sortir de ce mauvais pas.

Le vétérinaire apprivoisé*
Arlette Muchart,
Collection Castor Poche
Flammarion, 1987.

Un petit chat abandonné et affamé se faufile dans la maison d'Émilie et de sa maman, Martine. Il réussit à se faire adopter et vit des jours agréables. Hélas, l'arrivée d'un vétérinaire, ami de Martine, bouleverse l'existence du chaton et marque le début d'une série d'aventures rocambolesques. Comment cela finira-t-il ?

Suivons ce chat*
M. Izawa et M. Hiraide,
Collection Archimède
L'École des loisirs, 1993.

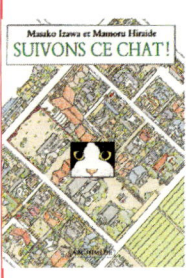

Un livre-guide simple et amusant pour apprendre à découvrir les règles de la société des chats. Les auteurs ont observé les habitudes et le comportement de Tama pendant 24 heures. A ton tour d'observer les chats du quartier. Tu trouveras dans ce livre des conseils, des modèles de fiches pour classer tes recherches et t'apprendre à mieux connaître ces fidèles compagnons.

Janus, le chat des bois**
Anne-Marie Chapouton,
Collection Castor Poche
Flammarion, 1988.

Depuis la mort de sa maîtresse, Janus vit comme un chat sauvage. Il erre dans la forêt à la recherche de nourriture et d'amis mais les animaux le repoussent. Un jeune écureuil, pourtant, s'attache à lui et ils vivent ensemble de grandes aventures.

Toufdepoil**
Claude Gutman,
Pocket Junior, 1995.

Quel merveilleux cadeau pour Sébastien que ce petit chien ! Il égaie ses journées et devient son meilleur ami. Hélas, la petite boule de poils grandit, c'est très vite un énorme briard à l'étroit dans un appartement. Comment résoudre ce problème ?

Chiffon ou les peurs d'un petit chien**
Vonny Dufossé,
éd. Sedrap, 1995.

Un petit chien bien sympathique et déluré qui raconte son histoire et participe à la vie de l'immeuble dont sa maîtresse est la gardienne. Il n'a vraiment rien d'un impressionnant chien de garde, mais on peut lui confier bien des tâches et il comprend tant de choses ! Si seulement il pouvait expliquer aux humains leurs erreurs !

Chiens et chats

atelier

Vocabulaire — autour du mot «pas»

«Le chat marchait à pas comptés le long d'un tas de bois.»
Quelle expression montre que le chat se déplaçait lentement et avec précaution ?

Le nom **pas** est employé dans de nombreuses expressions. En voici quelques-unes :
- On peut marcher à pas de géant, à pas de loup, d'un bon pas, au pas, au pas de course. On peut aussi presser le pas.
- On peut faire ses premiers pas, les cent pas, un faux-pas.

1 Remplace le texte entre parenthèses par une des expressions ci-dessus.
- Paul marche *(sur la pointe des pieds, sans bruit)* pour surprendre Luc.
- Jeanne rentre de l'école *(à toute vitesse)* pour rejoindre sa sœur.
- Léa trottine derrière son oncle qui *(fait de grandes enjambées)*.
- Les athlètes pénètrent sur le stade en marchant *(au même rythme)*.
- Si nous marchons *(assez vite)*, nous arriverons à l'heure.
- L'orage menace : *(hâtons-nous)*.

2 Complète les phrases.
- Bébé commence à marcher : il fait …
- Pierre marche de long en large : il fait …
- Grand-père a trébuché : il a fait …

Le dictionnaire — l'orthographe

1 A l'aide du dictionnaire, complète les mots suivants puis recopie leur définition :
- Le pedigr…
- un épagn…
- un cro…
- un chat ango…
- une port… de chatons
- un bass…

2 Les mots suivants prennnent-ils une ou deux consonnes ? Si tu hésites, consulte le dictionnaire et complète :
- Le chat, la cha…e et le cha…on
- une ca…esse et ca…esser
- ronron et ronro…er
- galop et galo…er
- la tru…e du chien

178 Chiens et chats

atelier

Expression écrite décrire brièvement un animal familier

> C'était un chat noir, maigre, un de ces chats aux joues creuses, aux yeux tout ronds. Très farouche.
> Apercevait-il Nicolas, il se précipitait.

1 Questions sur le texte

- Quels détails permettent de reconnaître ce chat parmi d'autres ?
- Que dit l'auteur de son caractère ?
- Comment réagissait-il quand il apercevait le chien ?
- Quelle particularité présente la deuxième phrase ?

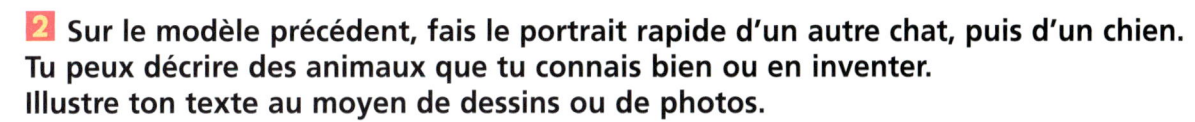

2 Sur le modèle précédent, fais le portrait rapide d'un autre chat, puis d'un chien. Tu peux décrire des animaux que tu connais bien ou en inventer.
Illustre ton texte au moyen de dessins ou de photos.

Pour t'aider, voici quelques détails de caractère possibles :

- affectueux • caressant • craintif • féroce • cruel • fidèle • joueur
- voleur • malicieux • agressif • drôle • docile • obéissant

3 Filou grandit, il invente de nouveaux jeux. Observe les dessins ci-dessous ; Cherche pour chacun d'eux des verbes expressifs qui montrent Filou en action.

Ensuite, raconte l'histoire en quelques lignes, sans oublier la ponctuation.

Chiens et chats

Dans ce chapitre, tu liras les histoires suivantes…

1 *Le kimono rouge* [1]

Kay Haugaard……………page 184

2 *Halloween* [2]

Kay Haugaard……………page 187

3 *Le petit cireur de Bogota*

Dagmar Galin……………page 190

Enfants d'ici et d'ailleurs

Poésie	182
Lectures	184 à 198
Lire pour en savoir plus : La farandole des enfants d'ailleurs	193
La petite librairie	199
Atelier	200

- Vocabulaire : autour du mot «soleil»
- Le dictionnaire : les noms propres
- Expression écrite : reconstitution de texte

4 *Sous le soleil exactement*

Ariel Fuchs..............page 194

5 *Marika la petite fille d'ailleurs*

Anne Pierjean...............page 197

Poésie

La ronde

Si toutes les filles du monde voulaient s'donner la main,
tout autour de la mer elles pourraient faire une ronde.

Si tous les gars du monde voulaient bien êtr'marins,
ils f'raient avec leurs barques un joli pont sur l'onde.

Alors on pourrait faire une ronde autour du monde,
si tous les gens du monde voulaient s'donner la main.

Paul Fort, *Ballades françaises*, Flammarion, 1984.

Les manières du soleil

Le soleil luit pour tout le monde
mais un peu plus ou un peu moins
Il en est que son chaud inonde
D'autres ne le voient que de loin.

Il luit plus pour le cormoran
que pour la taupe ou le cafard.
Il luit bien plus à Perpignan
qu'à Lille ou à Hénin-Liétard.

Le soleil luit pour tout le monde
mais plutôt plus ou plutôt moins.

Claude Roy, *Nouvelles enfantasques*
Gallimard, 1978.

Enfants d'ici et d'ailleurs

La marmite

souris blanche ou chocolat
nain citron ou caramel
bout'chou rouge ou singe vert
sang bleu ou tête de laine

roses des sables
grains de soleil
pluie des mangues
bris d'arc-en-ciel

nous les enfants de la terre
chevauchant les courants d'air
nous décrocherons la lune
feux follets de dune en dune
nous brûlerons les barrières
nous ferons fondre vos haines
dans un' marmite de miel.

Laureine Valtis, *Chante-Sahel*
éd. du Silex-ACCT.

Qui es-tu ?

Qui es-tu ?
Je suis Mamadi, fils de Dioubaté.
D'où viens-tu ?
Je viens de mon village.
Où vas-tu ?
A l'autre village.
Quel autre village ?
Quelle importance ?
Je vais partout, là où il y a des hommes,

Que fais-tu dans la vie ?
[…]
Je suis enfant de Guinée,
Je suis fils du Mali,
Je sors du Tchad ou du fond du Bénin,
Je suis enfant d'Afrique…
Je mets un grand boubou blanc,
Et les blancs rient de me voir
Trotter les pieds nus dans la poussière du chemin…
Ils rient ?
Qu'ils rient bien.
Quant à moi, je bats des mains et le grand soleil d'Afrique
S'arrête au zénith pour m'écouter et me regarder,
Et je chante, et je danse,
Et je chante, et je danse.

Francis Bebey, *Poèmes de demain*,
éd. du Silex, 1982
Revue "Présence Africaine" n° 57.

Enfants d'ici et d'ailleurs

1 Le kimono rouge [1]

Les parents de Myeko viennent de s'installer aux États-Unis. Loin du Japon, la fillette se sent très seule car, à l'école, elle n'a pas réussi à «planter les graines de l'amitié».

Le premier jour des vacances de Noël, Myeko se tient silencieusement dans la cuisine. Elle pense aux enfants qui se moquent toujours d'elle.

Alors, maman-san* prend la parole :

5 – Te voilà maintenant en vacances pour le Noël américain et pour les fêtes du Nouvel An ! Tu dois être contente ?

Elle regarde Myeko, s'attendant à la voir toute joyeuse ; mais pas la plus petite lueur de joie ne s'allume dans ses yeux.

– Les Américains ne célèbrent pas le Nouvel An comme nous, 10 maman-san, ni pendant aussi longtemps.

Elle ajoute avec un grand sérieux :

– Nous célébrerons cette grande fête entre nous.

Pour Noël, papa-san apporte un petit sapin que Myeko décore avec des poupées et des guirlandes de papier rouge. Il y a un cadeau au pied de l'arbre pour Myeko et un autre pour son petit frère.

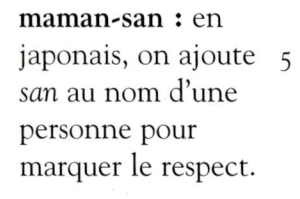

maman-san : en japonais, on ajoute *san* au nom d'une personne pour marquer le respect.

184 Enfants d'ici et d'ailleurs

fébrilement : avec excitation.

Osaka : ville du Japon.

réjouissances : fêtes pour célébrer un événement heureux.

Myeko arrache fébrilement* la ficelle rouge de son paquet et ouvre la boîte. Elle ne peut en croire ses yeux ! Comme les larges manches brodées de papillons sont jolies ! Il n'y a sûrement pas un plus beau kimono de soie au monde ! Un kimono fait tout exprès pour les fêtes du Nouvel An ! Mais le cœur de Myeko se serre en pensant qu'il n'y aura pas de festivités pour le Nouvel An en Amérique. Ses amies d'Osaka* organiseront des jeux, toutes joyeuses dans leurs jolis kimonos neufs, mais elle ne sera pas avec elles ! Ses yeux se remplissent de larmes. Si seulement on lui avait donné une robe américaine ! A quoi bon avoir un beau kimono rouge quand on habite en Californie ? Mais elle ne veut pas attrister ses parents.
– Merci beaucoup, dit-elle en essayant de sourire. C'est le plus joli kimono du monde !

Mais les vacances sont bien vite passées. Le 4 janvier arrive et, bien qu'au Japon les fêtes continuent encore pendant plusieurs jours, en Amérique, les réjouissances* du Nouvel An sont terminées pour tout le monde. Myeko songe encore avec regret combien elle aurait aimé porter son beau kimono pour jouer avec ses petites amies.

Pour faire plaisir à sa maman, Myeko met son joli kimono pour aller en classe. Contrairement à ce que craint la petite fille, les autres enfants ne se moquent pas d'elle. La maîtresse demande à Myeko d'expliquer à ses camarades certaines coutumes de son pays.

Enfants d'ici et d'ailleurs

45 – Mes enfants, Myeko voudrait vous parler du Nouvel An au Japon. Elle porte ce magnifique kimono parce que c'est la période des fêtes.

Au début, Myeko a des difficultés à trouver ses mots. Elle a très peur. Mais personne ne rit et, peu à peu, elle ose lever 50 la tête pour parler des guirlandes de verdure et des branches de pin accrochées devant les maisons. Elle décrit le thé et les gâteaux que l'on sert ces jours-là. Ce qu'elle raconte surtout en détail, c'est le jeu du volant auquel jouent tous les enfants japonais. Tout le monde entoure Myeko. Quel merveilleux Nouvel 55 An ! Et on dit que toute l'année ressemble à ses débuts.

(à suivre)

Bonnes questions !

1. Comment Myeko réagit-elle en découvrant son cadeau de Noël ? Pourquoi ?
2. A quoi voit-on que Myeko est gentille et bien élevée ?
3. A la rentrée, après les vacances de Noël, que se passe-t-il ?
4. Quel sentiment éprouve alors Myeko ?

Le mot juste

Trouve dans le texte le mot ou l'expression pour dire :

1. Se faire des amis.
2. Myeko croit rêver *(en voyant son beau kimono)*.
3. Un kimono fait spécialement.
4. Il n'y aura pas de réjouissances pour le Nouvel An.

Enfants d'ici et d'ailleurs

2 Halloween [2]

Quelques mois plus tard, Myeko doit retourner au Japon pour assister au mariage de sa tante. Elle est très heureuse mais...

A l'école, les enfants parlent d'*Halloween** et commencent à préparer les décorations. Myeko pense à son voyage au Japon et elle est tantôt triste, tantôt joyeuse. Elle prend un crayon jaune en se demandant si une citrouille japonaise ferait un joli lampion. Puis elle se met à dessiner une grosse citrouille jaune avec des yeux, un nez et une bouche. Elle ne ressemble pas du tout aux autres !

Orville vient la regarder d'un œil critique* :
– Oh, quel drôle de lampion ! Tu devrais t'en tenir aux lanternes japonaises, Myeko.
Et Orville commence à la taquiner comme il en a l'habitude.
– Comment ça se fait ? Vous ne savez même pas ce qu'est *Halloween* au Japon ?

Halloween : fête célébrée la veille de la Toussaint aux États-Unis. Les enfants se déguisent et fabriquent des lanternes dans de grosses citrouilles.

d'un œil critique : en cherchant les défauts.

Enfants d'ici et d'ailleurs

Joanne se joint à lui pour demander :
— Est-ce que vous célébrez *Halloween*, Myeko ?

Myeko fait un effort pour ne pas se mettre en colère. Comme Orville est agaçant avec ses taquineries !

— La pauvre Myeko n'a jamais vu de lanterne avant de venir aux États-Unis ! C'est pour ça qu'elle ne sait pas les dessiner ! insiste Orville.

Carole lève la tête :
— Tu m'as parlé d'une fête japonaise qui s'appelle *O-Bon**, Myeko. Est-ce que ce n'est pas un peu comme *Halloween* ?

— Je t'en prie, Carole-san ! dit Myeko avec un mouvement d'humeur. Il faut toujours que quelqu'un me pose des questions sur le Japon. Ne me parlez plus du Japon. J'habite maintenant aux États-Unis !

Carole demeure silencieuse et les autres enfants aussi. Ils semblent étonnés que Myeko se mette en colère pour une question aussi simple.

Margaret s'approche :
— Eh bien vrai, Myeko. Qu'est-ce que tu as ?

Et Carole dit à son tour :
— Oui, qu'est-ce qu'il te prend ? Tu as toujours été si généreuse jusqu'à présent. Ce n'est pourtant pas grand-chose de nous faire profiter de ce que tu as vu ! Après tout, nous, nous n'avons jamais eu la chance de vivre dans un autre pays.

Et, soudain, Myeko comprend ce que les autres veulent dire. Elle réalise qu'elle sera toujours différente des autres mais le jour se fait dans son esprit : cette différence, c'est peut-être le cadeau à faire à son *pays d'adoption**. Comment ne l'a-t-elle pas compris plus tôt ? C'est ce que papa-san a essayé de lui dire.

C'est seulement pour s'instruire que les enfants la questionnent. Et, si Orville la taquine, c'est qu'il est insupportable et le sera toujours !

O-Bon : fête célébrée au Japon en l'honneur des morts. On dit qu'ils reviennent sur terre ce jour-là. On suspend des lanternes au-dehors pour les aider à retrouver le chemin de leur maison.

pays d'adoption : le pays qu'elle a choisi et qui l'a accueillie.

188 *Enfants d'ici et d'ailleurs*

Sa voix s'adoucit pour leur dire :
50 – Je veux bien vous parler d'*O-Bon*.
Et, de ses doigts agiles, elle se met à dessiner des lanternes d'*O-Bon* de toutes les couleurs pour leur montrer. Cela lui fait penser à son voyage au Japon.
Orville regarde ses dessins et se met à siffler :
55 – Eh bien, on peut dire qu'elles sont drôlement mieux que tes lanternes américaines !

D'après Kay Haugaard, *La petite fille au kimono rouge*
éd Rouge et Or, 1995.

Bonnes questions !

1. Orville cherche-t-il vraiment à vexer Myeko ?
2. Pourquoi Myeko finit-elle par se mettre en colère ?
3. Que comprend-elle grâce à Carole ?
4. Que fait Myeko pour expliquer à ses camarades la fête d'O-Bon ?

Enfants d'ici et d'ailleurs

3 Le petit cireur de Bogota

De nombreux enfants abandonnés errent dans les rues de Bogota*, ils se débrouillent seuls pour subsister. Hector est l'un d'entre eux.

Hector, brusquement tiré de son sommeil, se dressa sur sa couche. Celle-ci consistait en quelques journaux étalés dans l'un des coins d'une maison en ruines. Il n'était d'ailleurs pas le seul occupant de cet hôtel de fortune*. Dans l'angle opposé, à l'abri du vent et de la pluie, sous quelques poutres, cinq corps étaient allongés. Les têtes, cachées sous une veste ou un tricot, étaient invisibles.

Hector était seul dans son coin. Il sentait à peine ses membres raidis, engourdis par le froid. Quel âge avait-il ? Sept ans, huit peut-être, il n'en savait rien lui-même. Brun foncé de peau, Hector était un petit Indien. Quand il bâillait, sa bouche

Bogota : capitale de la Colombie.

hôtel de fortune : abri pauvre et inconfortable qui sert de refuge.

Enfants d'ici et d'ailleurs

grande ouverte laissait entrevoir une mâchoire solide et de belles dents blanches. Seule manquait une incisive, car Hector était à l'âge où tout enfant, de quelque race qu'il soit, perd ses dents. Ses cheveux raides, hérissés, ressemblaient à un champ de chaumes*. Hector n'était du reste pas responsable de cette coupe. Peu de temps auparavant, il avait eu la malchance d'être ramassé par la police et conduit dans un *home* d'enfants*. Là-bas, il avait, naturellement, profité de la première occasion pour sauter le mur et retrouver la liberté. Personne, bien sûr, n'avait pris la peine de le rechercher. Il y a des milliers d'Hector à Bogota.

Hector, d'ailleurs, était un homme d'affaires libre et responsable de ses actes. Ce matin, au réveil, son premier regard avait été pour son outil de travail. Par prudence, il s'en servait en guise d'oreiller. Oui, sa boîte était encore là. Il jeta un coup d'œil sur les garçons endormis. Plus grands et plus forts que lui, ils formaient une bande, évidemment. Ceux-là ne lui feraient pas de cadeaux et seraient sans pitié. Mieux valait disparaître avant que l'un d'eux n'ouvrît les yeux.
Hector se leva, prit sa boîte et, par une brèche* de la clôture, gagna la rue.

La journée commençait et, avec elle, la bataille quotidienne pour la vie. Glissant sur ses sandales dont la plupart des lanières étaient arrachées, il se dirigea vers le parc. Hector s'accroupit auprès d'un banc public et déposa son matériel. Puis il attendit patiemment l'arrivée des passants, jusqu'au moment où l'un d'eux vint s'asseoir à la place voulue.

Hector s'agenouilla aux pieds du client. Son attirail dont il n'était pas peu fier et qui représentait tout ce qu'il possédait au monde, se composait d'une caissette hexagonale* en bois, munie d'une poignée,

chaumes : morceaux de tiges restant dans les champs après la moisson.

***home* d'enfants :** maison d'accueil pour les enfants.

brèche : ouverture.

hexagonale : à six côtés.

avec, fixés sur le dessus, une sorte de marchepied et un minuscule tabouret où les maigres fesses d'Hector trouvaient à peine place. Installant l'ensemble, il sortit brosses, chiffons, crème à chaussures, ainsi qu'une petite bouteille d'huile, posa l'un des pieds de son client sur le marchepied, tout en se disant qu'il était le meilleur cireur de bottes de Bogota.

Armé d'un chiffon, il commença par nettoyer le soulier. Puis, après l'avoir enduit* d'un peu d'huile, il passa la brosse dans les moindres recoins. Vint ensuite l'étalage de la crème et enfin, point crucial*, l'action prolongée de la brosse à reluire… pied droit, pied gauche, jusqu'au moment où, apparemment satisfait du travail, le client se leva, lui tendit une pièce de monnaie et s'en alla.

D'après Dagmar Galin, *Des enfants tombés du ciel*.
Rageot-Éditeur, 1983.

enduire : recouvrir.

point crucial : point le plus important.

Bonnes questions !

1. Pourquoi y a-t-il autant d'enfants errants dans les rues de Bogota ?
2. Comment les autorités de la ville aident-elles ces enfants ?
3. Pourquoi Hector se considère-t-il comme « libre et responsable » ?
4. Quel est le lieu de travail d'Hector ? Pourquoi ?

Le mot juste

Trouve le mot ou l'expression dans le texte pour dire :

1. L'endroit sans confort où les enfants dorment.
2. Un refuge, un centre d'accueil pour les enfants.
3. Un homme qui fait du commerce.
4. Le matériel de travail d'Hector.
5. Partout sur la chaussure.

Enfants d'ici et d'ailleurs

lire pour en savoir plus

La farandole des enfants d'ailleurs

Élégamment drapée dans son *sari,* long morceau de soie ou de coton, voici Indira, la jeune Indienne.

La *djellaba,* sorte de longue robe à capuchon, protège Ahmed, le berger d'Afrique du Nord, des chauds rayons du soleil.

Alfonso, le Gaucho d'Amérique du Sud, s'abrite sous son *poncho,* vaste et confortable couverture munie d'un trou pour passer la tête.

En longue tunique croisée devant et maintenue par une large ceinture, voici Myeko, la petite Japonaise, parée de son *kimono* de soie aux belles manches amples.

Douglas, l'Écossais, porte un *kilt.* C'est une jupe courte et plissée en tartan, étoffe de laine à carreaux.

Une fleur rouge dans les cheveux, Maëva, la Tahitienne, est fière de son nouveau *paréo,* long jupon aux vives couleurs joliment noué sur les hanches.

• Lis, observe et reconnais les six enfants. Indique le nom du costume qu'ils portent et le pays d'où ils viennent.

1. Qui mène la farandole ? C'est ... . Il porte une ... et vient d' ... .

2. A qui donne-t-il la main ?

3. Qui termine la farandole ?

4. Qui suit Indira ?

5. Qui précède Douglas ?

6. Qui est entre Alfonso et Myeko ?

Enfants d'ici et d'ailleurs

4 Sous le soleil exactement

Les petits «pingouins» d'Eaubonne, 75 enfants du Val-d'Oise, rentrent de leur deuxième grande expédition-plongée au bout du soleil.

J'avais quitté les petits «pingouins» d'Eaubonne, il y a un peu plus de deux ans, après une aventure passionnante sur les bords de la mer Rouge, à Aqaba*. C'est avec beaucoup de plaisir que je les ai retrouvés au pied d'un gros avion ventru de la compagnie Minerve, prêt à partager le deuxième volet de leurs aventures autour du monde.
Destination : la Guadeloupe, le soleil des tropiques, le créole* nonchalant et les accents du zouc* enivrant.

De Pointe-à-Pitre, la capitale, la caravane des petits plongeurs a pris la route de Basse-Terre, l'aile gauche du papillon guadeloupéen. Volcanique et montagneuse, elle est recouverte d'une végétation dense d'où émergent* de splendides fougères. Passé le col des Mamelles, la descente vers la côte sous le vent conduit, vers le Sud-Ouest, à Malendure, célèbre pour sa plage et son fameux rocher. Là trône le club de plongée des «Heures Saines».

Aqaba : port de Jordanie.

créole : langue parlée dans de nombreuses îles des Antilles.

le zouc : danse d'origine créole.

émerger : dépasser, se distinguer.

194 Enfants d'ici et d'ailleurs

C'est dans ce cadre enchanteur que les petits plongeurs du Val-d'Oise ont découvert, jour après jour, les trésors de la mer des Caraïbes, depuis les larges tables de corail jusqu'aux immenses champs de gorgones* plumeuses.

Tout ce petit monde avait naturellement grandi depuis le dernier voyage. L'expérience passée faisait d'eux des plongeurs un peu plus confirmés* que lors de leur première grande sortie en mer Rouge. Pourtant l'enthousiasme était bien toujours le même face à ce paradis sous-marin.

Et puis, il y avait ces nouvelles petites têtes blondes, les poussins du club, six ans à peine. C'était leur première grande sortie. J'ai retrouvé avec eux ce qui m'avait émerveillé lors du voyage précédent : ces yeux immenses et avides* du moindre poisson, de la moindre gorgone ; ces petits corps en combinaisons vives, si excités sous l'eau, filant dans toutes les directions à la fois et pourtant si calmes dans la pratique de l'exercice lui-même.

Ils sont aussi partis à la rencontre de leurs petits camarades guadeloupéens avec lesquels ils ont partagé leur amour de la mer et du monde sous-marin. Il fallait les voir dans ce tohu-bohu joyeux et insouciant. Ils conjuguaient leurs talents et leurs sourires et formaient le plus étonnant carnaval de couleurs.

---

gorgone : animal des mers chaudes dont l'aspect fait penser à de petits arbres.

confirmés : expérimentés.

avides : curieux.

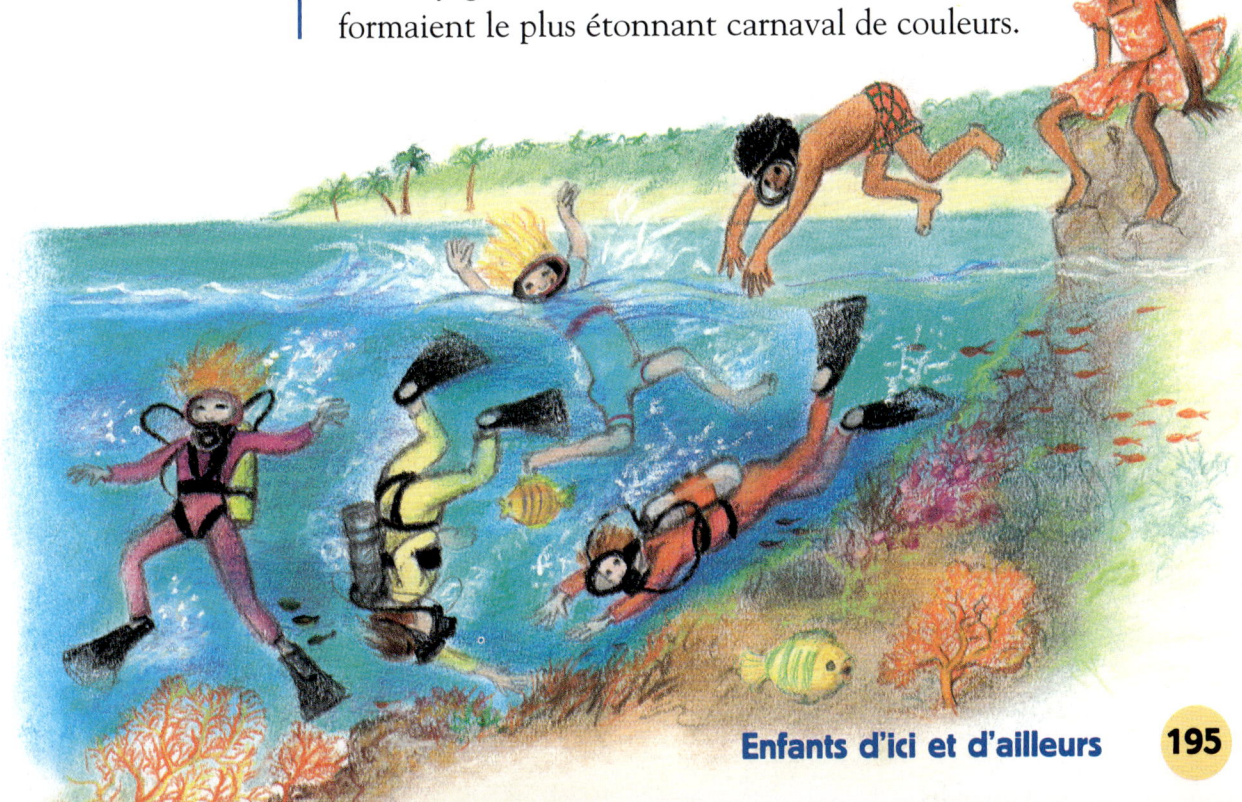

Enfants d'ici et d'ailleurs

port d'attache : ici, l'endroit où les enfants rentrent chaque soir.

flamboyants : arbres des Antilles à fleurs rouges.

bougainvillées : arbrisseaux à fleurs violettes ou roses.

Enfin, véritable port d'attache* des petits voyageurs, la Case Sous le Vent résonnait le soir des mélodies les plus douces. Sous les doigts agiles de Monsieur Paul, les cordes de la guitare élevaient vers le ciel d'encre et de paillettes les rythmes enfiévrés des tropiques devant un parterre d'enfants émus.

Au revoir, Monsieur Paul. Peut-être un jour reviendrons-nous dans ton île enchantée écouter ta guitare nous guider parmi les flamboyants* et les bougainvillées*.

D'après Ariel Fuchs, *Le monde de la mer* n° 56 Mai/Juin 1991.

Bonnes questions !

1. Où le premier séjour des petits «pingouins» s'est-il déroulé ? Et le deuxième ?
2. Quel sport ces enfants pratiquent-ils ?
3. Pourquoi le site de Malendure est-il connu ?
4. Le moniteur de plongée retrouve les enfants qu'il avait entraînés deux ans et demi plus tôt. Quelles observations fait-il à leur sujet ?
5. Comment se comportent les «poussins» du club ?
6. Quel goût les enfants d'Eaubonne ont-ils en commun avec les petits Guadeloupéens qu'ils ont rencontrés ?

Le mot juste

Trouve le mot ou l'expression dans le texte pour dire :

1. Les enfants de six ans.
2. Des yeux pleins du désir de découvrir.
3. Un désordre joyeux et insouciant.
4. Le mélange des enfants blancs et des enfants noirs.
5. Le ciel bleu foncé et plein d'étoiles.

5 Marika, la petite fille d'ailleurs

Mademoiselle Arly, institutrice dans une petite école de montagne, raconte l'arrivée d'une nouvelle élève…

On frappe à ma porte qui s'ouvre brusquement. Quand je dis : «Entrez !», Madame Alfand a déjà franchi le seuil. Toute ma classe se lève et se fige* dans un silence inhabituel et curieux : Madame la directrice tient par la main une petite fille.
– Mademoiselle Arly, je vous amène une nouvelle ! Voilà sa date de naissance et les renseignements que nous avons.

J'ai pris le papier que me tend Madame Alfand. J'ai pris aussi la main de ma nouvelle élève. Madame Alfand est sortie. Ma classe s'est assise et nous regarde, la petite fille et moi. Moi, je regarde la petite fille qui regarde ses souliers, le visage enfermé dans sa cage de cheveux drus*. J'écarte les cheveux longs et plats.
– Tu veux me dire ton nom ?
Elle serre davantage encore ses lèvres closes. Ses yeux sont aigus comme ceux d'un renard pris au piège. Elle me jette un regard élargi par les grands cernes* bleus qui descendent jusque sur ses pommettes hautes. Je referme le rideau des cheveux et je regarde le papier que je tiens à la main. Je dis d'une voix que je veux enjouée :
– Voilà, nous sommes très heureux d'accueillir Marika. Elle a huit ans. Quelle place allons-nous lui donner ?
– C'est libre, là ! dit Chris qui désigne la place près de lui.
En effet, c'est libre et Chris est un bon copain.
– Marika, voilà, tu vas t'asseoir à côté de Chris.

Je la mène à son bureau. Elle s'est assise. Elle a posé ses coudes sur la table, son visage sur ses paumes et elle s'est enfermée dans la cage de ses cheveux noirs.
– D'où tu viens ? lui souffle Chris.

la classe se fige : les élèves s'immobilisent.

drus : épais.

cernes : marques bleuâtres qui entourent parfois les yeux.

Enfants d'ici et d'ailleurs

Elle recule jusqu'à l'extrême bout de son banc, sans enlever son visage de ses paumes, ni ses coudes de dessus la table, et reste là, à demi assise sur le vide.

C'est vrai, d'où vient-elle, cette Marika de huit ans ? Il me semble qu'elle vient d'une petite enfance sans parents et sans port d'attache et sans cette indispensable maison de quand-on-était-petit. Marika, petite fille de l'Assistance*, a été confiée à des kyrielles* de nourrices. Est-ce la malchance ? Ou est-ce l'étrange enfant qui les a toutes découragées ?

Je prends une fiche et j'écris :
NOM : Marika BALIKIEF
AGE : Huit ans
VIENT DE : … J'hésite.
D'où elle vient serait sans doute trop long et trop vague à dire ; on ne me l'a pas précisé. Je prends mon stylo et j'écris :
VIENT : D'ailleurs…
Et je regarde Marika.
Cette petite fille qui nous arrive d'ailleurs avec sa bouche close, ses incroyables cheveux noirs, ses yeux aigus dans leurs cernes bleus, je pense qu'il faudra que nous l'approchions avec beaucoup de patience et d'amour.
Je regarde ma classe qui me regarde.
Nous nous sourions, complices*.

© Anne Pierjean, *Marika*, 1972.

l'Assistance : organisme qui s'occupe des enfants abandonnés ou des orphelins.

une kyrielle : un grand nombre.

complices : nous nous comprenons.

Bonnes questions !

1. Pourquoi le silence est-il «inhabituel et curieux» ?
2. Le contact entre Marika et la classe est-il facile ?
3. A ton avis, pourquoi Marika a-t-elle un tel comportement ?
4. Relève les détails qui montrent que Marika n'a pas de famille ?
5. De quelles qualités devront faire preuve la maîtresse et les élèves ?

LA PETITE LIBRAIRIE

La flûte tsigane*
Bertrand Solet,
Collection Castor Poche
Flammarion, 1982.

Ce récit de la vie quotidienne de Yoska et de sa famille nous fait pénétrer dans le monde des Tsiganes. On y découvre leurs croyances, leurs coutumes et leurs problèmes. Peut-on encore mener une vie de nomade et ne pas aller à l'école ? Comment Yoska sera-t-il accueilli en classe ? L'auteur raconte avec simplicité ces gens qu'il connaît bien.

La petite fille au kimono rouge**
Kay Haugaard,
Bibliothèque Rouge et Or, 1995.

Comme c'est difficile pour une petite fille japonaise de quitter son pays, ses amies et de se retrouver en Amérique, à l'école. Myeko a beaucoup de mal à s'adapter à la vie en Amérique, mais elle parviendra pourtant à «planter les graines de l'amitié» avec ses nouveaux camarades.

Les petits mégots*
Nadia,
Collection J'aime lire
Bayard Poche, 1991.

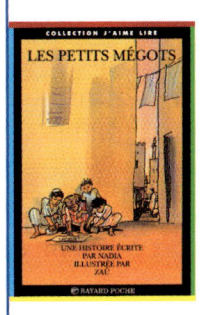

Les «petits mégots» sont des enfants abandonnés qui ramassent les mégots de cigarettes dans les rues des quartiers riches du Caire, en Égypte. Ils gagnent quelques sous en revendant le tabac. Un jour, c'est le drame : Abdo est gravement accidenté en voulant échapper à la police. Que va-t-il devenir ? La vie pénible et la manière dont ces enfants s'entraident te toucheront beaucoup.

Marika**
Anne Pierjean,
Collection Castor Poche
Flammarion, 1988.

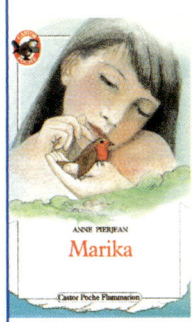

Une petite fille qu'un départ difficile dans la vie a rendue sauvage. Dans la petite école de montagne où elle arrive, la chance va lui sourire : une institutrice compréhensive, un garçon attachant et son père, vont, peu à peu, réussir à apprivoiser cette petite fille sauvage.

Hot-dog ou petit pain au chocolat**
Marie Page,
Collection Castor Poche
Flammarion, 1988.

Ce n'est pas toujours simple de vivre au Canada avec un père et des grands-parents britanniques et une mère française ! Alex, 13 ans, fait le récit drôle et tendre de sa curieuse famille, et sa petite sœur Caro, 10 ans, ajoute ses commentaires.

Gaufrette, Petit-Beurre et Chocolat*
François Schoeser,
Collection Castor Poche
Flammarion, 1989.

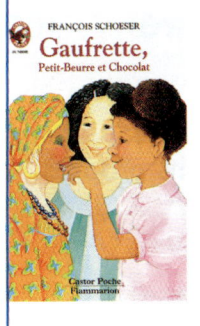

Ce sont trois petites amies pleines de malice. Hélas, le père d'Elsa, la blonde, a de gros soucis et n'apprécie pas du tout les amies étrangères de sa fille (Gaufrette est Marocaine et Chocolat est Ivoirienne). Quelle idée folle peut trouver une petite fille en désaccord avec ses parents ? Heureusement, tout finit par s'arranger.

Enfants d'ici et d'ailleurs

atELiER

Vocabulaire — autour du mot «soleil»

> Les petits «pingouins» d'Eaubonne découvrent la Guadeloupe, le **soleil** des tropiques.
>
> Quel attrait présentent les tropiques pour les enfants d'Eaubonne ? Pourquoi ?

■ Le mot *soleil* vient du latin *sol, solis*.
Les mots de la famille de *soleil* sont formés, soit à partir de la racine latine *sol*, soit à partir du mot français *soleil*.
Quels mots de la famille de *soleil* connais-tu ?
Cherchons-les ensemble.
Complète les phrases suivantes avec les mots que tu as trouvés :

- Il faut se protéger du soleil en s'abritant sous un …
- En restant trop longtemps au soleil, on risque une …
- Par une belle journée …, nous avons organisé une promenade en forêt.
- Le versant Sud d'une montagne bénéficie d'un meilleur … que le versant Nord.
- Pour aller à la plage, n'oublie pas ta crème …

Le dictionnaire — les noms propres

■ Recopie ce tableau et complète-le en te servant du dictionnaire, du côté des noms propres.

	VILLES	PAYS	CONTINENT
exemple ▶	Rabat	Maroc	Afrique
	Bogota	…	…
	Osaka	…	…
	Eaubonne	…	…
	Washington	…	…
	Aqaba	…	…

200 Enfants d'ici et d'ailleurs

atelier

Expression écrite — reconstitution de texte

> Chris observe, à la dérobée, la voisine qui lui est dévolue. Une camarade de banc muette et presque invisible, c'est une épreuve ! Marika a légèrement écarté ses cheveux. De profil, on aperçoit la pointe de son nez qui frémit comme celui d'un lapin.
> Le buvard de Chris surtout retient son attention.
> « Tu peux le garder, tu sais, le buvard. »
> Marika sursaute, pose le buvard et replonge dans ses cheveux.
> On n'apprivoise pas un petit renard.
>
> Anne Pierjan, Marika.

Lis le texte silencieusement.

1 As-tu bien compris ?

Tu reconnais Marika, la petite fille « d'ailleurs ».

– Que sait-on de Marika ?

– Que sait-on de Chris ?

– S'intéresse-t-il à sa voisine ? A quoi le voit-on ?

– Marika apprécie-t-elle le geste amical de Chris ? A quoi le voit-on ?

Reconstitution du texte

2 Lis le texte à voix haute et étudie-le phrase par phrase.

- **Première phrase :**

– De qui parle-t-on ?

– Que fait-il ?

– Quelle expression est utilisée pour dire que Chris observe sa voisine discrètement, de manière qu'elle ne s'en aperçoive pas ?

– Quel groupe de mots désigne Marika ?

– Dans ce groupe, quel mot signifie que cette voisine est « attribuée » à Chris ?

Répète la phrase sans la regarder.

- **Deuxième phrase :**

– Quel nouveau groupe de mots désigne Marika ?

– Quels adjectifs la qualifient ?

– Pourquoi est-elle muette ?

– Pourquoi est-elle invisible ?

– Est-ce agréable d'avoir une telle voisine ? Quelle expression du texte l'indique ?

Après avoir répété cette phrase, redis les deux premières ensemble.

Tu pourras de la même manière, reconstituer tout le texte et lui donner un titre.

Enfants d'ici et d'ailleurs

Le Loup et la Cigogne

Personnages : 1er récitant – 2e récitant – le Loup

1er récitant Les Loups mangent gloutonnement.
Un Loup donc étant de frairie,
Se pressa, dit-on, tellement
Qu'il en pensa perdre la vie.

2e récitant Un os lui demeura bien avant au gosier.
De bonheur pour ce Loup, qui ne pouvait crier,
Près de là passe une Cigogne.

1er récitant Il lui fait signe, elle accourt.
Voilà l'Opératrice aussitôt en besogne.

2e récitant Elle retira l'os ; puis pour un si bon tour
Elle demanda son salaire.

Le Loup – Votre salaire ? dit le Loup :
Vous riez, ma bonne commère.
Quoi ! ce n'est pas encor beaucoup
D'avoir de mon gosier retiré votre cou ?
Allez, vous êtes une ingrate ;
Ne tombez jamais sous ma patte.

Jean de La Fontaine, *Fables*, Livre III.

Le Loup et l'Agneau

Personnages : le narrateur – le Loup – l'Agneau

Le narrateur — *La raison du plus fort est toujours la meilleure :*
Nous l'allons montrer tout à l'heure.
Un Agneau se désaltérait
Dans le courant d'une onde pure.
Un Loup survient à jeun qui cherchait aventure,
Et que la faim en ces lieux attirait.

Le Loup — – Qui te rend si hardi de troubler mon breuvage ?
Dit cet animal plein de rage :
Tu seras châtié de ta témérité.

L'Agneau — – Sire, *répond l'Agneau*, que Votre Majesté
Ne se mette pas en colère ;
Mais plutôt qu'elle considère
Que je me vas désaltérant
Dans le courant,
Plus de vingt pas au-dessous d'Elle,
Et que par conséquent, en aucune façon,
Je ne puis troubler sa boisson.

Le Loup — – Tu la troubles, *reprit cette bête cruelle,*
Et je sais que de moi tu médis l'an passé.

L'Agneau — – Comment l'aurais-je fait si je n'étais pas né ?
Reprit l'Agneau ; je tète encor ma mère.

Le Loup — – Si ce n'est toi, c'est donc ton frère.

L'Agneau — – Je n'en ai point.

Le Loup — – C'est donc quelqu'un des tiens :
Car vous ne m'épargnez guère,
Vous, vos bergers, et vos chiens.
On me l'a dit : il faut que je me venge.

Le narrateur — *Là-dessus, au fond des forêts*
Le Loup l'emporte, et puis le mange,
Sans autre forme de procès.

Jean de La Fontaine, *Fables*, Livre I.

Le renard et la mésange

Personnages : Renart – La mésange – Le narrateur

Renart qui vient de savourer le délicieux fromage de Tiécelin, le corbeau, aimerait maintenant déguster la mésange. Il imagine un piège pour la faire descendre de son arbre.

Renart — J'arrive bien à propos, commère ; descendez, je vous prie ; j'attends de vous le baiser de la paix et j'ai promis que vous ne le refuseriez pas.

La mésange — A vous Renart ? Si je ne connaissais pas vos tours et vos malices, je pourrais vous croire. Mais, d'abord, je ne suis pas votre commère. Chacun sait bien qu'il n'y a pas un mot de vrai dans vos paroles.

Renart — Que vous êtes peu charitable ! Votre fils est bien mon filleul et si je voulais vous déplaire, je ne choisirais pas un jour comme celui-ci. Écoutez bien : notre roi vient de proclamer la paix générale. Souhaitons qu'elle dure le plus longtemps possible. Tout le monde est dans la joie. Le temps des disputes, des procès et des meurtres est passé. Chacun aimera son voisin, chacun pourra vivre en paix et dormir tranquillement.

La mésange — Maître Renart, vous dites de bien belles choses. Je veux bien les croire à demi. Mais cherchez quelqu'un d'autre pour le baiser de la paix ; ce n'est pas moi qui donnerai l'exemple.

Renart — En vérité, commère, vous êtes vraiment trop méfiante ; je m'en consolerais mais j'ai juré d'obtenir de vous le baiser de la paix. Tenez, je fermerai les yeux pendant que vous descendrez m'embrasser.

La mésange — S'il en est ainsi, je le veux bien. Voyons vos yeux. Sont-ils bien fermés ?
J'arrive !

Les trois coups

théâtre

Le narrateur — *La rusée avait garni sa patte d'un petit flocon de mousse qu'elle laissa tomber sur le museau de Renart. Celui-ci, croyant saisir la mésange, bondit mais ses mâchoires claquèrent dans le vide et il en fut pour sa honte.*

La mésange — Ah ! Voilà donc votre paix ! Votre baiser !

Renart — Eh ! Ne voyez-vous pas que je plaisante ? Je voulais voir si vous étiez peureuse. Allons ! Recommençons ! Tenez, me voici les yeux fermés.

Le narrateur — *La mésange, amusée par le jeu, vole et sautille avec précaution autour de Renart qui, une nouvelle fois, montre les dents.*

La mésange — Voyez-vous, inutile de continuer. Vous ne réussirez pas à me tromper. Je me jetterais dans le feu plutôt que dans vos bras.

Renart — Mon Dieu ! Vous imaginez toujours un piège caché. C'était bon avant la paix jurée. Je vous le répète. J'ai promis de vous donner le baiser de la paix, je dois le faire.

Le narrateur — *Soudain retentissent des cris de braconniers et des aboiements de chiens. On entend : le goupil ! le goupil ! A ce cri terrible, Renart oublie la mésange, serre la queue entre les jambes et détale.*

La mésange — Renart ! Pourquoi vous éloigner ? La paix n'est-elle pas jurée ?

Renart — Jurée, oui, mais non publiée. Ces jeunes chiens ne savent peut-être pas que leurs pères l'ont acceptée.

La mésange — Demeurez, de grâce ! Je descends pour vous embrasser.

Renart — Non, le temps presse, je cours à mes affaires.

Adapté du Roman de Renart.

Le renard et la mésange

On a tiré sur le lapin

Personnages : La cliente – Le commis-boucher – Le boucher

Lorsque la scène commence, la cliente se trouve dans la boucherie avec le commis-boucher. Le boucher est dans l'arrière-boutique.

Le commis — C'est à vous, Madame. Qu'est-ce que ce sera ?

La cliente — Je voudrais un beau lapin, s'il vous plaît.

Le commis — Il m'en reste justement un beau. Vous avez de la chance, c'est le dernier.
Il montre fièrement un lapin à la cliente.

La cliente — Oh ! il n'est pas bien gros. Pour six personnes, ça risque de faire un peu juste. C'est pour demain soir, nous avons des amis à dîner et ce sont de gros mangeurs. Vous n'en avez pas un autre ?

Le commis — Attendez un instant, Madame, je vais voir s'il n'en reste pas un dans la chambre froide.
Il disparaît dans l'arrière-boutique avec le lapin à la main.

Le commis, *au boucher* — Patron, j'ai une dame au magasin qui voudrait un lapin…

Le boucher, *il est en train de ranger l'arrière-boutique et n'aime pas qu'on le dérange :*
— Et qu'est-ce que tu as dans les mains ? Ce n'est pas un lapin peut-être ?

Le commis, *intimidé par la mauvais humeur de son patron :*
— Si patron. Mais il est trop petit. Elle en voudrait un plus gros…

Le boucher, *interrompant son commis à nouveau :*
Comment ça « trop petit » ? Il est très bien ce lapin ! Il fait au moins trois livres ! Qu'est-ce qu'elle veut, ta cliente ? Un lapin ou un mouton ?

Le commis — Elle dit que pour six personnes ça ne fera pas assez.

Le boucher, *lui coupant la parole :*
— C'est le dernier ! On n'en a pas d'autre ! Dis-lui de le préparer avec beaucoup de pommes de terre. C'est très bon les pommes de terre.
Le commis retourne dans la boutique avec le lapin.

Le commis, *à la cliente :*
— J'ai bien regardé, Madame, c'est le dernier, mais il n'est pas si petit que cela, vous savez ? Le patron dit qu'il fait au moins trois livres. Avec des pommes de terre, il y en aura largement pour six.

Les trois coups

La cliente, *bondissant en entendant les mots « pommes de terre » :*

— Des pommes de terre ? Mais pour qui me prenez-vous, jeune homme ? Si j'invite des gens à dîner, ce n'est pas pour leur servir de vulgaires pommes de terre ! Vous êtes sûr que vous n'en avez pas un plus gros ?

Le commis — Je vais vérifier, Madame.

Il retourne dans l'arrière-boutique avec le lapin.

Le boucher, *très en colère, jette par terre le torchon avec lequel il essuyait un plan de travail :*

— C'est tout de même incroyable ! Des gens viennent vous déranger à cinq minutes de la fermeture et ils ont le toupet de vous dire que vos lapins ne sont pas assez gros !

Il a soudain l'air d'avoir une idée. Il se calme et sourit avant de continuer.

Attends un peu. Elle veut un lapin plus gros ? Elle va en avoir un. Donne-moi cet animal, fiston, je vais te l'arranger !

Il saisit le lapin par les pattes avant et les pattes arrière et tire dessus de toutes ses forces pour l'allonger.

Han ! Et voilà le travail ! N'est-ce pas qu'il est bien plus grand que le précédent ? Regarde-moi ça ! On dirait un lièvre, maintenant !

Le commis retourne dans le magasin, tenant le lapin triomphalement devant lui.

Le commis Il nous en restait un, madame, tout au fond de la chambre froide. Je ne l'avais pas vu. Regardez comme il est beau ! Il est long comme un lièvre !

la cliente, ravie : — Magnifique, jeune homme ! Magnifique !

Mais j'oubliais…, nous ne serons pas six à dîner demain, mais huit ! Cela ne fait rien. Je vais vous prendre les deux : celui-là et le petit.
Ce sera parfait.

François Fontaine, *Petites comédies pour les enfants*
Éd. Retz, 1993.

Les trois coups

Crédits

Illustration de couverture : Jean-Noël Rochut

Photographies :

Page 23 - La comtesse de Ségur, J.-L. Charmet ; Page 37 - Paul Fournel, © Éditions du Seuil ; page 68 - Fouine, taupe, belette et renard : Jacana, (M. Danneger) ; Hérisson et blaireau : Pho.n.e., (H. Reinhard).

Poèmes :

Page 183 *La marmite* – Laureine Valtis, *Chante-Sahel*, éd. du Silex-ACCT, in *Anthologie de la Poésie Négro-Africaine* NEA/EDICEF Jeunesse.
Page 32 *Ponctuation* – Maurice Carême, *Au clair de la lune*, Hachette Livre de Poche Jeunesse, Collection Fleurs d'encre, © Fondation Maurice Carême.

Couvertures des livres cités dans «La petite librairie» :

• Avec l'aimable autorisation de Bayard Presse :
Les petits mégots, de Nadia - coll. Bayard Poche/J'aime lire, N°23 - 1991.

• Avec l'aimable autorisation des Éditions Casterman :
Treize histoires de cirque à lire aux heures de lune, H. Hannover, 1989 ; *La fille du comte Hughes,* E. Brisou-Pellen, 1995.

• Avec l'aimable autorisation des Éditions Denoël :
Le petit Nicolas et les copains, Sempé et Goscinny.

• Avec l'aimable autorisation de L'École des Loisirs ;
La vie de château, E. Krähenbühl, coll. Archimède 1993 ; *Le cirque Manzano,* Lorris Murail, 1992 ; *Suivons ce chat,* Mazako Izawa et Mamoru Hiraide, coll. Archimède 1993.

• Avec l'aimable autorisation des Éditions Flammarion, Collection Castor Poche :
Les histoires de Rosalie, 1980 et *Hot-dog ou petit pain au chocolat,* 1988, illustrations d'Y. Beaujard ; *Une jument extraordinaire,* 1987, illustrations de V. Rio ; *Dix-neuf fables de singes,* 1992 et *Dix-neuf fables de Renard,* 1983, illustrations de G. Franquin ; *Vif-Argent,* 1989, illustrations de B. Jeunet ; *Le vétérinaire apprivoisé,* 1987, illustrations de S. Crévelier ; *Marika,* 1988, illustrations de C. Lachaud ; *Gaufrette, Petit-Beurre et Chocolat,* 1989, illustrations de B. Savignac ; *Père Loup,* 1992, illustrations de S. Heilpor ; *La flûte tzigane,* 1982, illustrations de F. Davot ; *Bernique,* 1993, illustrations de A. Roué.

• Avec l'aimable autorisation des Éditions Gallimard :
Le poney dans la neige, Jane Gardam, coll. Folio Cadet n° 175 ; *La grande parade du cirque,* Pascal Jacob, coll. Découvertes n° 134 ; *Le petit Nicolas et les copains,* 1988, Sempé/Goscinny, coll. Folio Junior.

• Avec l'aimable autorisation des Éditions Atlas :
A l'encre violette : un siècle de vie quotidienne à la communale, 1990.

• Avec l'aimable autorisation des Éditions Hachette :
Fifi Brindacier, Astrid Lindgren, Le Livre de Poche Jeunesse, Hachette Jeunesse, 1988 ; *Zozo la tornade,* Astrid Lindren, Le Livre de Poche Jeunesse, Hachette Jeunesse,1989 ; *Un bon petit diable,* La Comtesse de Ségur, Bibliothèque Rose, 1992 ; *Kambalda le kangourou,* P. Baldurinos, Carnets de Bord ; *Mon ami l'écureuil,* Maurice Genevoix, coll. Copain, 1988 ; *La maison du bonheur,* Molly Burkett, Le livre de Poche Jeunesse, Hachette Jeunesse, 1989 ; *Le bois enchanté et autres contes,* André Dhôtel, Le Livre de Poche Jeunesse, Hachette Jeunesse, 1991 ; *Maud, l'enfant du cirque,* Alain Chenevière, coll. Destins d'Enfants, 1994 ; *Au temps des chevaliers et des châteaux-forts,* P. Miquel, P. Probst, coll. La vie Privée des Hommes, 1990 ; *Le prisonnier du château fort,* Daniel Hénard, collection Roman Junior, Hachette Livre, 1994.

• Avec l'aimable autorisation des Éditions Rageot, Collection Cascade :
Le coq à la crête d'or, Michel Honaker, 1993 ; *Drôles d'anniversaires,* D. Curtis-Regan, 1993 ; *Un fantôme en classe verte,* S. Pernush, 1994 ; *Opération caleçon au CE2,* C. Missonnier, 1990 ; *Une potion magique pour la maîtresse,* G. Fresse, 1990 ; *Petit Féroce va à l'école,* P. Thiès, 1993 ; *Un vilain petit loup et autres contes d'animaux,* 1992 ; *Les trois souhaits de Quentin,* 1992 ; *La fleur du clown,* Alain Surget, 1992 ; *Le chevalier qui ne savait pas lire,* E. Brisou-Pellen, 1987.

• Avec l'aimable autorisation des Éditions Sedrap :
Chiffon ou les peurs d'un petit chien, Vonny Dufossé.

• Avec l'aimable autorisation des Éditions Nathan :
La Petite Fille au Kimono Rouge, Kay Haugaard, Bibliothèque Rouge et Or, 1995.

• Avec l'aimable autorisation des Éditions Pocket :
Bravo Tristan, Marie-Aude Murail, Kid Pocket, 1993 ; *Toufdepoil,* Claude Gutman, Pocket Junior, 1995.

Imprimé en France par Mame Imprimeurs à Tours – (n° 39057)
N° d'édition : 1620-02 – Dépôt légal : Janvier 1997